安全生产文书写作与管理

主　编　孙　辉　李子彬　张丽珍

副主编　冉　政　师　思　李增杰

参　编　李　盟　郎流胜　舒　锋

主　审　武万军（学校）　何朝远（企业）

高等职业教育安全类专业系列教材

重庆大学出版社

内容简介

本书在企业调研的基础上,以实用性为原则进行内容取舍,并重新梳理其顺序、考校其详略。全书共6个模块28个任务,模块包括公文写作、安全生产事务文书、安全生产责任管理文书、安全生产制度文书、安全生产行政执法文书、文书管理。每个任务设置学习目标、情景任务、知识链接、例文评析、任务实施、巩固提升等,注重以企业管理实务开展为载体进行内容组织和训练。

本书可作为高等职业技术学院安全类专业和其他相关专业学生的教材,也可供有关企业人员参考、学习、培训之用。

图书在版编目(CIP)数据

安全生产文书写作与管理/孙辉,李子彬,张丽珍主编. --重庆:重庆大学出版社,2024.1
高等职业教育安全类专业系列教材
ISBN 978-7-5689-4272-0

Ⅰ.①安… Ⅱ.①孙… ②李… ③张… Ⅲ.①安全生产—生产管理—应用文—写作—高等职业教育—教材
Ⅳ.①H152.3

中国国家版本馆 CIP 数据核字(2023)第 234921 号

安全生产文书写作与管理

主 编 孙 辉 李子彬 张丽珍
副主编 冉 政 师 思 李增杰
责任编辑:苟苕羽 版式设计:苟苕羽
责任校对:王 倩 责任印制:张 策

*

重庆大学出版社出版发行
出版人:陈晓阳
社址:重庆市沙坪坝区大学城西路21号
邮编:401331
电话:(023) 88617190 88617185(中小学)
传真:(023) 88617186 88617166
网址:http://www.cqup.com.cn
邮箱:fxk@ cqup.com.cn(营销中心)
全国新华书店经销
重庆华林天美印务有限公司印刷

*

开本:787mm×1092mm 印张:10.75 字数:257 千
2024 年 1 月第 1 版 2024 年 1 月第 1 次印刷
印数:1—2 000
ISBN 978-7-5689-4272-0 定价:39.80 元

前　言

在当今飞速发展的社会中,安全生产问题已成为各行各业不可忽视的重要议题。为了保障员工的生命安全和财产安全,各单位都在积极推进安全管理工作,并制定了相应的安全规章制度。这些安全规章制度的落地实施,离不开规范准确的安全生产文书。在编写本书之际,编者对安全生产工作的重要性有了更深刻的认识。安全生产事故时有发生,给人民的生命财产安全造成了巨大损失。这些事故往往是人们对安全规定的忽视或误解所致。因此,制定和执行严格的安全规章制度以及编写规范的安全生产文书就显得尤为重要。

本书旨在帮助读者掌握正确、高效编写安全生产文书的技巧,提升安全管理水平,减少安全事故的发生。本书详细完整地介绍了各类安全生产文书的写作要点和管理方法,涵盖了日常工作中常用的公文、安全生产事务文书、安全生产责任文书、安全生产制度文书、安全生产行政执法等类型。对于初次接触安全生产文书的读者来说,本书将是一份学习指南;对于已经有一定经验的读者来说,将是一个良好的复习和提高的机会。

编写本书的目的不仅在于传授知识,更希望能够唤起每个人对安全生产工作的认识和责任感。无论是企业的管理者还是员工,都应该牢记安全第一的原则,不断加强对安全生产的关注和培训,共同努力为创造一个安全、健康的工作环境而奋斗。

本书由重庆安全技术职业学院孙辉、李子彬、张丽珍任主编,重庆安全技术职业学院冉政、师思和李增杰任副主编,重庆安全技术职业学院李盟、郎流胜和中建八局西南公司重庆分公司舒锋参编。模块一中的任务一、任务二由冉政编写,任务三、任务四由师思编写,任务五、任务六由李增杰编写;模块二、模块五中的任务一和任务二由孙辉编写;模块三、模块五中的任务三和任务四由李子彬编写;模块四由张丽珍编写;模块六中的任务一由李盟编写,任务二由郎流胜编写,任务三由舒锋编写;全书由孙辉统稿。

在本书编写过程中,编者参考和引用了许多专家、学者的研究成果和宝贵资料,听取了不少读者的意见和建议,由衷感谢所有支持本书编写和出版的人员,特别是那些提供宝贵经验和建议的专家们。希望本书能够成为您学习和实践的伙伴,共同推动安全生产事业的发展。

由于本书涉及知识面广,加之编者水平有限,书中难免存在疏漏之处,敬请批评指正,以便持续改进。

编　者
2023 年 9 月

目 录

模块一　公文写作

📖 模块要点

本模块由通知、通告、报告、请示、函、纪要六个常用公文任务构成。通过任务训练,旨在使学生了解通知、通告、报告、请示、函、纪要的含义、特点与作用,掌握相应的写作格式、结构与要求,能够结合实际任务撰写常用的公文。培养学生规范化、标准化的工作态度与习惯,逐步具备组织管理者的视野与思维。

🔔 重点
通知、通告、报告等公文的结构和写法。

🔔 难点
根据材料,撰写通知、通告、报告等各种公文。

任务一　通　知

学习目标

(1)了解通知的含义、特点、分类和作用。
(2)掌握通知的结构、写法、写作要求和注意事项。
(3)能根据任务要求,规范地拟写通知。

情景任务

　　小李刚从某大学毕业后入职了某集团公司。有一天,公司领导马主任交给他一项工作任务:写一份材料,集团公司要对企业的中层领导干部进行安全生产教育培训,需要将具体的时间、地点等提前通知。小李接到任务后犯难了,不知该如何入手,假如你是小李,请你按要求规定拟一份通知文书。

知识链接

一、基础知识

(一)通知的适用范围和特点

1.通知的适用范围

　　通知适用于发布、传达要求下级机关执行和有关单位周知或者执行的事项,以及批转、转发公文。从行文关系上来说,通知多数是下行文,而有些告知性通知是平行文。

2.通知的主要特点

　　(1)适用范围广。通知是公务活动中应用最广泛的公文,凡是发布法规和规章、传达上级机关的指示、转发上级机关和不相隶属机关的公文、批转下级机关的公文、发布要求下级机关办理和有关单位共同执行或者周知的事项、任免和聘用干部,都可以用通知。各级行政机关、企事业单位、社会团体对下级单位传达事项都可以使用通知,不受发文机关级别高低的限制,对行文路线限制不严,主要作为上级机关对下级机关、组织对所属成员的下行文,但不相隶属机关之间有时也可使用通知来知照有关事项。

　　(2)使用频率高。通知的内容既可是重大事件,又可是部门小事,所以使用频率很高。据统计,通知的用量是现行公文活动中最多的一种,有时超过公文总量的一半。

　　(3)时效性强。通知对时效性具有严格的要求,它所传达的事项,往往要求及时执行和迅速办理,不能拖延,具有较强的执行性和约束性。如会议通知只在指定的一段时间内有效。

(二)通知的主要类型

通知按其内容和性质,可以分为指示性通知、批示性通知、事项性通知、知照性通知(会议通知、任免通知)等。

(1)指示性通知。该类型通知用于直接发布行政法规和对下级某项工作的指示、要求,带有强制性、指挥性和决策性。

(2)批示性通知。该类型通知是用批转、转发、印发等方式发布某些法规,要求下级贯彻执行的通知。

(3)事项性通知。该类型通知是要求下级机关办理某些事项的通知。它除交代任务外,通常还提出工作要求,让受文单位贯彻执行,具有行政约束力。

(4)知照性通知。该类型通知用于告知某一事项或某些信息的通知,不具有强制性,如会议通知、任免通知等。不相隶属单位之间告知不要求办理和执行的事项,也可以使用告知性通知。如启用或作废某单位印章,更正文件差错,变更机关名称、工作地址、电话号码、邮政编码、作息时间等,都可以用这种通知行文。

二、通知的结构和写法

通知的基本结构一般由标题、主送机关、正文和落款四部分构成。

(一)标题

公文通知的标题,分完全式和省略式两种。完全式标题应写明发文机关、事由和文种。省略式标题有以下三种情况:

(1)省略发文机关。如果标题太长,可省略发文机关。如《关于召开全国首批物业管理师大会的通知》,这个标题便省略了发文机关。省略发文机关的标题很常见。如果是两个单位以上联合发文,不能省略发文机关。

(2)省略多余的"关于"和"通知"字样。如"部门经理会议通知""停产通知"等。发布性和批转性通知的标题由"发文机关+发布(批转、转发)+被发布文件标题+通知"构成。被发布、批转、转发的公文为法规或规章时,一般应加上书名号,有时由于被批转、转发公文标题中已有"关于"和"通知"字样,或者被批转、转发的公文标题比较长,这时,通知的标题一般可保留末次发布(批转、转发)文件机关和始发文件机关,省略去多余的"关于"和"通知"字样。如"××县人民政府关于转发《××市人民政府关于转发〈××省人民政府关于转发人力资源和社会保障部关于×××同志恢复名誉后享受××级待遇的通知〉的通知》"。可把这个标题简化为"××县人民政府转发人力资源和社会保障部关于×××同志恢复名誉后享受××级待遇的通知"。

(3)省略发文机关和事由。如果通知发文范围很小,内容简单,甚至张贴都可以,这样的通知标题可以省略发文机关和事由,只写文种"通知"二字。

需要说明的是,如果所发的通知比较紧急,需要被通知的单位尽快知悉和办理,可在"通知"之前加"紧急"二字,从而构成"紧急通知"。如《××矿务局关于进一步做好安全生产工作的紧急通知》。如果对某项事情发出通知后,由于情况发生变化,或因发出通知时考虑不周,认为有新的问题需要明确,有新的事情或规章要办理或执行,需要再发一个通知。这样的通知被称为"补充通知",且常常将"补充"二字在标题中写出来。

（二）主送机关

主送机关是指要求办理、知悉通知事项的机关或个人。在正文前顶格书写，后跟冒号，以示引领下文。主送机关的名称可以用全称，也可以用规范化的简称。对于知照性通知，有时因为没有特定的收文对象，这时就不用写主送机关。

（三）正文

通知的正文一般由开头、主体和结尾三部分组成。颁布或转发性通知结构简单，其余通知一般由以下部分组成：

（1）开头。应写明制发通知的缘由、目的、依据或情况。

（2）主体。写出通知事项的内容，即要求受文机关承办、执行和应予以知晓的事项。这些内容如较复杂，可分条列项写出。

（3）结尾。这部分常用"特此通知""专此通知"之类的习惯用语作结。

（4）附件。知照性通知及批示性通知常带有附件。

（四）落款

写出发文机关名称和发文日期，有的还要落上负责人的名字。若已在标题中写了机关名称和日期，则可以省略不写。

三、写作要求和注意事项

（一）内容具体，语言确切

制发通知是为了回答和解决一些实际问题。因此，撰写通知一定要从实际出发，有的放矢。加强内容的针对性可以从对象、问题、思想三个方面考虑。

对象的针对性是指通知的内容应从具体的受文对象出发，能真实地反映受文对象的实际，能有效地回答和解决受文对象面临的问题。

问题的针对性是指通知所反映的情况和问题，是确实存在的，并且具有一定的普遍性和典型性，回答和解决具有必要性和迫切性。

思想的针对性是指要指出与存在问题相联系的思想认识问题，并对其实质和意义做出分析，以提高受文对象的理性认识，并实事求是、合情合理地提出切实可行的意见。

（二）层次清楚，段落分明

层次，即文书内容的表现次序。就是一份文书，写几个问题，先写什么，后写什么，有序号，有标题或观点，一目了然。例如会议通知，应该先写会议内容、参加人员，然后再写会议时间、地点、要求，这样才符合一般人的思维逻辑。

段落，又称自然段。段落与层次有区别也有联系，段落侧重于文字表述上的需要，有时一层意思用若干自然段来表达，有的一层就是一段。因此，有人说，层次也是一个小段落，这是有道理的，但层次与段落并不能画等号。

段落分明要做到"五性":一是单一性,就是一段要突出一个中心思想,不要在一段内容里写得很杂,以免节外生枝;二是完整性,不要把一段完整的内容分到几个自然段去阐述,导致内容七零八落、支离破碎;三是鲜明性,每段的第一句话,要尽量加段首句或标题,必要时还要加序号,当然有的段落本来就很简单,也可不加段首句或标题;四是连续性,段落之间要有内在联系,使每段成为一份文书的有机组成部分,做到"分之为一段,合则为一篇";五是协调性,即分段要注意整体的匀称,做到轻重相当,长短适度,不要有的段很长,有的段很短。

(三)篇幅简短,文字精练

通知事项,不管是做出指示,还是部署工作,或是安排活动,对做什么、怎么做、做到什么程度、有什么要求,都应当具体、明确,简明扼要,不能含糊、模棱两可,这样受文对象才能把握要领,落到实处。通知的内容现实性、针对性强,要有效地回答和解决实际问题,就必须迅速及时地制发,如果拖延时机,等情况变化以后再写就会失去其应有的意义。

例文评析

> **通知**
>
> 各社区、村,各企业事业单位,街道安委会相关部门:
>
> 为进一步强化安全生产责任制和各项安全措施的落实,有效防范和坚决遏制各类事故发生,确保节日期间全街道安全生产形势进一步稳定好转。根据市政府安委会的要求和街道年度工作目标的要求,街道安委会决定组织开展"五一"节期间安全生产检查活动,有关要求通知如下:
>
> 一、总体要求
>
> 以中央领导和各级政府关于安全生产工作的重要指示精神为指导,全面落实"党政同责、一岗双责、齐抓共管"责任体系,全面强化企业安全生产主体责任,全面加强安全生产基层基础建设,有效防范和压降各类安全事故发生,确保全街道安全生产形势平稳。
>
> 二、组织领导
>
> 街道成立"五一"节期间安全生产检查组,分别由办事处主任和各分管副主任任正、副组长,各职能部门负责人为成员,各社区、村、各生产经营单位也要相应成立检查组,负责对本辖区企业进行安全检查、抽查和督查,落实属地安全监管的责任。
>
> 三、检查时段
>
> 4月25日—5月15日。
>
> 四、检查重点内容
>
> 1. 贯彻落实"党政同责、一岗双责、齐抓共管"责任体系情况;
>
> 2. 本辖区内生产经营单位安全生产责任书告知书、职业健康告知书签订落实情况;
>
> 3. 社区、村、学校集体资产出租安全监管情况和厂中厂、园中园安全监管情况;
>
> 4. "五一"节、"端午"节等重点时段的安全防范措施情况;
>
> 5. "安全生产月"活动筹备和夏季安全生产监管工作准备工作情况;
>
> 6. 街道安委会将在节前抽查部分社区、村、企事业安全生产工作情况。
>
> ××安全生产委员会
2022年4月10日

【评析】该通知结构完整、要素完备、语言简练精准、表意清晰,合乎公文规范。

任务实施

一、环境要求

可选择模拟办公室或多媒体教室等场所进行，备好纸、笔，配备计算机、投影仪等设备，最好每名学生配备一台计算机进行上机写作。

二、实施步骤

第一步，通过网络查阅安全生产教育培训通知写作的相关材料；第二步，分组讨论该通知写作的内容要点，主要包括培训对象、培训内容、培训形式、培训时间、培训要求等；第三步，每人执笔或上机，写作初稿；第四步，不同小组间组员相互修改并签名；第五步，选取学生作品在多媒体上展示，师生共同点评。

巩固提升

请对以下案例进行分析解读，哪一篇更好，为什么？

案例一

关于校医院搬迁的通知

校医院〔××路校区〕装修工程基本完毕。拟于下周一、二〔11月19、20日〕迁回原址。此间暂停正常门诊，只有一个值班医生，急诊取临时用药。由此给您造成的不便，请谅解。

校医院
2022年12月3日

案例二

关于校医院迁回原址暂停两天正常门诊的通知

校医院〔××路校区〕装修工程基本完毕，定于下周一、二〔11月19、20日〕迁回原址。此间暂停正常门诊，有一个医生值班，急诊可取临时用药。由此给您带来的不便，请谅解。

校医院
2022年12月3日

任务二 通 告

学习目标

（1）了解通告的含义、特点、分类和作用。
（2）掌握通告的结构、写法和写作要求。
（3）能根据任务要求，规范地拟写通告。

情景任务

××市为推进道路运输行业"放管服"改革，积极落实"跨省通办"部署要求，加快推动道路运输行业证照电子化工作，进一步便捷道路运输从业人员享受"跨省通办"等便民服务措施。依据相关要求，市道路运输局决定在全市范围内开展《××市道路运输从业人员从业资格证》纸质证件换证工作。假设该工作由你负责，请你拟写一份纸质证件换证的通告。

知识链接

一、基础知识

（一）通告的适用范围和特点

1. 通告的适用范围

通告适用于在一定范围内公布应当遵守或者周知的事项。通告虽然面向社会发布，但多是限定在一个特定社区范围内，内容多是要求一个特定的人群遵守或者知晓。

2. 通告的主要特点

（1）规定性。通告常用来对某些事项、行为作出规定和限制，特定范围内的部门、单位和民众都必须遵守、执行。例如《××市人民政府关于坚决清理非法占道经营的通告》，为改善交通秩序、保证交通安全和市容环境作出规定。

（2）周知性。通告的内容要求在一定范围内的人们或特定的人群普遍知晓，以使他们了解有关政策法令，遵守某些规定事项，共同维护社会公务管理秩序。

（3）实务性。所有的公文都是实用文，从根本性质上来说都应该是务实的。但它们之间还是有一些区别，有的公文只是告知某事，或者宣传某些思想、政策，并不指向具体事务。通告则是一种直接指向某项事务的文种，务实性比较突出。

（4）行业性。不少通告都具有鲜明的行业性特点，如税务局关于征税的通告，机动车管理部门关于机动车辆年度检验的通告，银行关于发行新版人民币的通告，房产管理局关于对商品房销售面积进行检查的通告等,都是针对其所负责的那一部分的业务或技术事务发出的通告。因此,通告行文中要时常引用本行业的法规、规章,也免不了使用本行业的术语、行话。

(二)通告的分类

通告有法规性通告和周知性通告两大类型。

(1)法规性通告。也称制约性通告,主要向受文者交代需要遵守、执行的政策、措施以及其他行为规范,具有政策性和法律性,要求有关人员必须遵照执行。

(2)周知性通告。周知性通告主要是使受文者了解重要情况、重要消息,主要用于维修道路、电路、输水管线以及工商、税务、卫生、城建、交通管理等部门要求有关人员在一定期限内登记、换证、检疫、拆迁、报考等。

当然,这两种通告的区分是以法规性的强弱不同为标准的,二者之间没有绝对的界限。法规性的通告不可能没有周知性,周知性的通告完全没有法规内容的也不多见。但二者在性质上毕竟有所区分,如《关于坚决清理非法占道经营的通告》,强制性措施较多,属于法规性通告;关于因施工停水、停电的通告,主要起告知事项的作用,没有强制性措施,属于周知性通告。

二、通告的结构和写法

通告由标题、正文和落款三部分组成。

(一)标题和发文字号

1.通告的标题

通告的标题,主要有以下写法:

(1)全题写法,也就是公文标题的常规写法,由发文机关、事由、文种三要素共同构成。如《国家教委关于维护中小学正常教学秩序的通告》《水利电力部、公安部关于严禁在农村安装电网的通告》等。

(2)省略主要内容的写法,由发文机关、文种组成。如《中华人民共和国公安部通告》《××市安全生产监督管理局通告》等。

(3)由主要内容和文种构成标题,如《关于开展××小区消防安全通道整治的通告》等。

(4)通告标题只有文种"通告"两字。

(5)通告标题还有一种特殊的写法,将标题分为两个部分,第一部分是发文机关加文种,即"×××通告";第二部分是通告的主要内容。例如《中国人民银行通告明日起发行1990年版壹圆券人民币》等。

2.通告的发文字号

通告的发文字号不像一般公文那样只用常规方式,在实践中有多种情况并存。

如果是政府发布通告,要有正规的发文字号,如《××市人民政府关于坚决清理非法占道经营的通告》,发文字号就是"市政告字〔2012〕6号"。

如果是某一行业管理部门发布通告,则可采用"第×号"的方式,标示位置在标题之下居中。

一些基层企事业单位发布的通告,也可以没有字号。

(二)通告的正文

通告正文的结构一般由开头、主体、结尾和结语四部分组成。

(1)通告开头。作为开头部分,通告缘由主要用来表达发布通告的缘由、根据,要求概括说明发布通告的原因和目的。法规性通告一般还要求写清楚法律依据,以增强通告的法律效力。其后常用习惯用语"现将有关情况通告如下""特作如下通告"等过渡到下文。

(2)通告主体。这是通告的事项部分,文字最多,内容最复杂。通常采用分条列项的写法,要求做到主旨鲜明、事项具体、条理清楚、层次分明、简洁通俗、便于理解执行。如果内容比较单一,也可采用贯通式写法。

(3)通告结尾。通告结尾提出执行要求或号召。有的通告没有结尾。

(4)通告结语。通告结语写法比较简单,一般单独设段,多采用"本通告自发布之日起实施"或"特此通告""此布"等习惯用语作结,以体现通告的规范性、严肃性。

(三)落款

通告的落款应写明发文机关名称和发文日期。如果标题中已冠有发文机关名称,落款处可以省略,只写年、月、日,或将发文日期年、月、日居中写在标题下方、正文上方。

三、通告的写作要求和注意事项

(一)符合国家方针政策

通告的撰稿者,要有政策观念,确保其不与现行政策抵触,不搞违反法律程序的"土政策"。写作通告应符合有关的政策、法令,不得与国家的政策、法令相悖,要做到既从实际出发,又符合党和国家的方针、政策。

(二)内容准确具体

内容一定要突出,给人以深刻的印象。通告的要求一定要具体,所通告的事项,要表述得十分明确,切忌含糊、令人费解,关键之处务必准确无疑,这样才能使受文者得要领。

(三)语言尽量通俗易懂

通告可以用来处理带有一定专业性的公务,难免使用一些术语,但要注意尽量选择大多数人熟悉的行业用语,同时也要求撰稿者有一定的专业知识。语言要通俗、易懂,便于群众了解、遵守,即使是某些专业性很强的通告,也应力求如此。

例文评析

> **关于地铁××号线××站爆破工程施工期间调整交通组织的通告**
>
> 　　因地铁××号线××站爆破工程施工需要,为确保相关路段交通的安全、顺畅,根据《中华人民共和国道路交通安全法》第三十九条之规定,对相关路段交通组织进行临时调整,现通告如下:
>
> 　　一、20××年××月××日至20××年××月××日,地铁××号线××站进行爆破施工,爆破时间为施工日中午××时至××时,××时至××时,每次2分钟,届时××路(××路至××路段)将实施临时交通管制,禁止车辆、行人进入爆破施工区域。
>
> 　　二、请车辆驾驶人及行人在上述时间内经过上述路段时,按交通标志标线指示通行,服从交通民警指挥。
>
> 　　特此通告。
>
> ××市公安局交通警察局
2022年××月××日

【评析】该通告开头部分简洁明了地写了发布通告的目的、依据。通告主体部分简明扼要地介绍了爆破作业的时间、地点等内容,用词简洁,通俗易懂,便于群众了解、遵守。

任务实施

一、环境要求

可选择模拟办公室或多媒体教室等场所进行,备好纸、笔,配备计算机、投影仪等设备,最好每名学生配备一台计算机进行上机写作。

二、实施步骤

第一步,通过网络查阅换证工作通告的相关材料;第二步,分组讨论该通告写作的内容要点,主要包括时间、地点、要求等;第三步,每人执笔或上机,写作初稿;第四步,不同小组间组员相互修改并签名;第五步,选取学生作品在多媒体上展示,师生共同点评。

巩固提升

根据下面提供的材料,对案例进行分析,对存在的问题进行修改。

关于加强交通管理的通告

为整顿治安秩序,加强交通管理,经市政府批准,对市区车辆行驶实行统一管理,特通告如下:

1. 除公交车及小轿车外,其他机动车辆白天一律不得驶入市区。
2. 轻骑、摩托车行驶一律要有安全措施,严禁自行车带人。

3. 非残疾人不得骑乘残疾车。

4. 凡在市区行驶的车辆一定按交通部门规定的时速行驶;严禁酒后驾车或无证驾驶。

5. 严禁在道路两侧摆摊设点,不得在道路上晒谷扬场,不准设置路障。

6. 车辆停放一定要在指定地点,途中临时停车不得超过 5 分钟。

7. 服从交通值勤人员管理。

以上通告望遵照执行,对违反上述通告者由公安、交通部门依照有关规定进行处理。

××市公安局(公章)

××交通局(公章)

××××年××月××日

任务三　报　告

学习目标

(1)了解报告的含义、特点、分类和作用。

(2)掌握报告的结构、写法和写作要求。

(3)能根据任务要求,规范地拟写报告。

情景任务

为进一步加强公司各部门的生产、办公场所的消防安全工作,确保各部门的日常生产经营秩序和财产安全,××市××物业管理有限公司下发通知,要求各部门第一责任人组织相关人员组成检查小组,对管辖区进行普查,根据检查记录,对存在的风险进行评估,制订纠正措施,并及时进行整改。在自查自纠结束后,形成《消防安全自查报告》提交至综合部。

知识链接

一、基础知识

(一)报告的适用范围和特点

1.报告的适用范围

报告是行政机关广泛采用的重要上行文。《党政机关公文处理工作条例》对报告适用范围的表述是:报告适用于向上级机关汇报工作、反映情况,回复上级机关的询问。

2.报告的特点

(1)单向性。报告是下级机关向上级机关汇报工作、反映情况、提出建议时使用的单方向上行文,不需要上级机关给予批复。在这方面,报告和请示有较大的不同,请示具有双向性特点,必须有批复与之相对应,报告则是单向性行文,不需要任何相对应的文件。因此,要特别注意,类似"以上报告当否,请批示"的说法是不妥当的。

(2)陈述性。报告在汇报工作、反映情况时,所表述的内容和使用的语言都是陈述性的。本单位遵照上级的指示,做了什么工作、怎样做这些工作、取得了哪些成绩、还存在哪些不足,必然要一一向上级陈述。反映情况时,也要把时间、地点、人物、事件、原因、结果叙述清楚,向上级机关提供准确的现实性信息。

(3)事后性。在机关企事业单位的工作中,有"事前请示,事后报告"的说法。多数报告,都是在开展了一段时间的工作之后,或是在某种情况发生之后向上级作出的汇报。

(二)报告的类型

1.工作报告

凡是用来向上级汇报工作的报告,都是工作报告。工作报告又可分为综合工作报告和专题工作报告两种。

综合工作报告涉及面宽,涉及主要工作范围的方方面面,可有主次区分,但不能有大的遗漏。大到国务院提供给全国人民代表大会的政府工作报告,小到某单位向上级提供的年度、季度、月份工作报告,都属于这种类型。

专题工作报告的涉及面窄,只针对某一方面的工作或者某一项具体工作进行汇报,如党的机关关于"三讲"工作的报告,行政机关关于技术革新工作的报告,企事业单位关于消防安全检查工作的报告,等等。

2.情况报告

如果本单位出现了正常工作秩序之外的情况,譬如发生了事故、出现了意想不到的问题等,对工作产生了一定程度的影响,应该及时向上级将有关情况原原本本地进行汇报。

即使对工作没有太大影响,一些有倾向性的新动态、新风气,以及最近出现的新事物等,必要时也要向上级报告。

凡此种种,都属于"情况报告"。作为下级机关,有责任做到下情上传,保证上级机关耳聪目明,对下面的情况始终了如指掌,这就是情况报告的意义。如果隐瞒不报,则是一种失职的表现。

3.答复报告

答复上级机关询问的报告,称为答复报告。这种报告内容针对性最强,上级询问什么,就答复什么,不能答非所问。对待上级机关的询问,一定要慎重,如果不了解实情,要经过深入的调查研究后再作答复。

4.报送报告

报送报告是向上级报送文件、物件时使用的报告,正文通常非常简略,只需写明"现将××××报上,请指正(请查收)"即可。真正有意义的内容都在所报送的文件里。

二、报告的结构和写法

报告的基本结构一般由标题、主送机关、正文、落款四个部分组成。

(一)报告的标题和主送机关

(1)报告的标题。报告的标题有两种写法,一是"发文机关+主要内容+文种"的写法,如《中共中央纪律检查委员会关于清理党政干部违纪违法建私房和用公款超标准装修住房的报告》;二是"主要内容+文种"的写法,如《关于进一步加强我市公共场所防火工作的报告》。

(2)报告的主送机关。行政机关的报告,主送机关尽量要少,一般只送一个上级机关即可。但行政机关受双重领导的情况比较多见，只报送其中一个上级机关显然不妥，因此，有时主送机关可以不止一个。报告应报送自己的直接上级机关，一般情况下不要越级行文。

作为党政机关公文的报告，要按《党政机关公文处理工作条例》第十五条的规定执行："原则上主送一个上级机关，根据需要同时抄送相关上级机关和同级机关，不抄送下级机关。"

(二)报告的正文

报告的正文一般由开头、主体和结尾三部分组成。

1. 报告开头

报告的开头部分起着引导全文的作用，所以称为导语。

不同类型的报告，其导语的写法也有较大不同。概括起来，报告的导语有以下几种类型：

(1)背景式导语。就是交代报告产生的现实背景，例如：前不久，中央纪委召开了部分省市清理党员干部违纪建私房座谈会，总结交流了各地清理工作的情况和经验，并就清房中遇到的一些政策性问题，进行了讨论，根据各地的做法和座谈会中提出的问题，中央纪委常委研究提出以下建议……

(2)根据式导语。就是交代报告产生的根据，例如：根据省委、省政府领导同志的指示，我厅于上周派人到××区和××县，与市、县的同志一道，对××区和××县春运安全的落实情况作了相关调研。××区委、区政府和××县委、县政府对此十分重视。现将调研的情况报告如下……

(3)叙事式导语。在开头简略叙述一个事件的概况，一般用于反映情况的报告。例如：20××年2月20日上午9时40分，我省××市百货大楼发生重大火灾事故，市消防队出动15辆消防车，经4个小时的扑救，大火才被扑灭。这次火灾除消防队员和群众奋力抢救出部分商品外，百货大楼三层楼房一幢及余下商品全部烧毁。时值开门营业不久，顾客不多，加之疏散及时，幸未造成人员伤亡。但此次火灾已造成直接经济损失792万余元。

(4)目的式导语。将发文目的明确阐述出来作为导语。例如：为认真贯彻落实《国务院批转国家林业部关于进一步加强森林防火工作报告的通知》(国发〔××××〕42号)，切实做好我市防火工作，保护和发展森林资源，更好地为改革开放和经济建设服务，结合我市实际情况，就进一步加强森林防火工作提出以下几点意见……

报告导语的写法不止以上四种，运用时可以举一反三，融会贯通，灵活处理。

2. 报告主体

报告的主体也有多种写法，下面择要介绍两种常见形态。

(1)总结式写法。这种写法主要用于工作报告。主体部分的内容，包括成绩、做法、经验、存在的不足以及今后工作意见等，在叙述基本情况的同时，有所分析、归纳，找出规律性认识，类似于工作总结。

总结式写法最需要注意的是结构的设计安排。按照总结出来的几条规律性认识来组织材料、安排层次，是最常用的结构方式。例如，2015年3月5日在第十二届全国人民代

表大会第三次会议上国务院原总理李克强所作的政府工作报告,全文分为六个部分,分别是:

①2014 年工作回顾;②2015 年工作总体部署;③把改革开放扎实推向纵深;④协调推动经济稳定增长和结构优化;⑤持续推进民生改善和社会建设;⑥切实加强政府自身建设。

(2)"情况—原因—教训—措施"四步写法。这种结构多用于情况报告。即先将情况叙述清楚,然后分析情况产生的原因,接着总结经验教训,最后提出下一步的行动措施。例如《××省商务厅关于××市百货大楼重大火灾事故的报告》,采用的就是这样的写法。

3.报告结尾

报告的结尾比较简单,可以重申意义、展望未来,也可以采用模式化的套语收结全文。模式化的写法大致是"特此报告""以上报告,请审阅""以上报告如无不妥,请批转执行"等。

三、报告写作注意事项

(一)报告事项要客观真实

报告事项要客观真实,就是报告中所反映的问题,汇报的情况必须实事求是,尤其是典型事例与统计数字要十分精确,不能有"水分"和虚假浮夸的成分,不能欺瞒上级领导。因为报告是上级机关了解情况、制定政策、处理问题的依据。情况不确凿,就会给工作带来失误甚至重大损失。

(二)报告内容重点要突出

各类报告的内容都要突出重点。专题性报告,一事一报,始终围绕一项工作、一个问题陈述,中心明确。即使是综合性报告,反映的是全面工作情况,也要求主次分明,简繁适度,有点有面,重点突出,不能事无巨细、主次,盲目地堆砌材料。

(三)报告要及时

报告的主要任务是供上级了解情况。所以,向上级汇报工作,反映情况,提出意见或建议,答复询问等,一定要及时。如果时过境迁再向上级报告,就失去了报告的意义。

(四)报告要叙述有序

撰写报告要讲究陈述的有序性,做到有条有理,层次井然,逻辑严密。报告一般用陈述的方法来写,写作时一要据实直陈,直截了当,叙事简要,不讲空话套话,不用曲笔;二要先后有序,注意表达的条理性和逻辑性。

(五)报告不得夹带请示事项

《党政机关公文处理工作条例》第十五条规定:"不得在报告等非请求性公文中夹带请求事项。"这是因为报告属于陈述性公文,不要求上级回复,以免报告与请示两种公文混同不分。报告是上行文,主送机关是有隶属关系的直接上级,一般不允许越级上报,在紧急情况下越级上报时,事后也要向直接上级报告。

例文评析

关于××高速公路塌方事故的报告

××市建设委员会：

2022年××月××日下午六时，在建的××高速公路××路段发生塌方事故，造成三人死亡，一人重伤，三人轻伤的严重后果。直接经济损失约30万元。

事故发生后，我公司领导立即赶赴事故现场指挥抢救，近200名消防队员、工地工人、公安武警官兵迅速赶到现场紧张施救，及时将伤员送入医院抢救。塌方路段抢修时间持续近28小时。

据调查分析，造成事故的直接原因是违章施工。事故发生前，桥面上分散有二三十名工人，已经浇注了200 m³的混凝土。按照施工程序应分两次浇注的混凝土却一次浇注，造成桥面负荷过大，导致塌方。

这次事故是一次严重的生产安全事故。该工程承建商是我公司属下的第一分公司。我们总公司对此次事故也负有重要的领导责任。当前全国都在强调"安全生产"，我公司却出现了这一严重事故，使国家和人民的生命财产蒙受了巨大损失，我们心情十分沉重，教训是深刻的。我们决心以此次事故为反面教材，组织学习，抓好安全教育，进一步健全安全生产的各项规章制度，全面开展"安全生产"竞赛活动，防止类似事故再发生。

特此报告。

××市政工程总公司
2022年10月10日

【评析】该报告是一份很正式、很严肃的情况报告。市政总公司将事故发生的基本情况、施救措施、性质分析、处理结果等条理清晰地进行了叙述。报告中用真实的数据呈现，不仅增加了内容的可信度，也使所汇报的内容更直观、更清晰，让人一目了然。

任务实施

一、环境要求

可选择模拟办公室或多媒体教室等场所进行，备好纸、笔，配备计算机、投影仪等设备，最好每名学生配备一台计算机进行上机写作。

二、实施步骤

第一步，通过网络查阅消防安全检查工作报告的相关材料；第二步，分组讨论该报告写作的内容要点，主要包括消防器材、消防通道、日常管理等；第三步，每人执笔或上机，写作初稿；第四步，不同小组间组员相互修改并签名；第五步，选取学生作品在多媒体上展示，师生共同点评。

巩固提升

根据下面提供的材料,请以××市应急局的名义向××省应急局起草一份报告。

(1)20××年××月××日上午9点20分,××市××百货大楼发生重大火灾事故。

(2)事故后果:未造成人员伤亡,但烧毁三层楼房一幢及大部分商品,直接经济损失792万元。

(3)施救情况:事故发生后,市消防队出动15辆消防车,经4个小时扑救,火灾才被扑灭。

(4)事故原因:直接原因是电焊工张某违章作业,在一楼铁窗架电焊时火花溅到易燃货品上引起火灾,但也与××百货公司管理局及员工安全思想模糊、公司安全制度不落实、许多安全隐患长期得不到解决有关。

(5)善后处理:市应急局副局长带领有关人员赶到现场调查处理;市人民政府召开紧急防火电话会议;市委、市政府对有关人员视情节轻重,做了相应处理。

任务四　请　示

学习目标

（1）了解请示的含义、特点、分类和作用。

（2）掌握请示的结构、写法和写作要求。

（3）能根据任务要求，规范地拟写请示。

情景任务

××地产集团公司开发部新投资了一块地皮，欲开发建设"世界级湿地生态园"项目，但由于该地皮位于未开发的偏僻小镇，开发部欲向总公司总经理请示举行一个新闻发布会，试探一下该项目在公众市场中的受欢迎程度，再考虑投入生产的可行性和扩大性。

假设你是开发部经理，请你拟一份关于举行新闻发布会的请示。

知识链接

一、基础知识

（一）请示的适用范围和特点

1. 请示的适用范围

《党政机关公文处理条例》规定："请示适用于向上级机关请求指示、批准。"

2. 请示的特点

（1）呈请性。请示是向上级机关请求指示和批准的公文，行文内容具有请求性。而报告是向上级机关汇报工作、反映情况、答复上级机关的询问或者要求的公文，具有陈述性。

（2）求复性。请示的行文目的是请求上级批准，解决某个具体问题，要求作出明确答复。而报告的目的则在于使上级掌握某方面或阶段的情况，不要求批复。

（3）超前性。请示行文时机具有超前性，必须在事前行文，等上级机关作出答复之后才能付诸实施。而报告则可在事后行文，也可在工作进行过程中行文，一般不在事前行文。

（4）单一性。请示事项具有单一性，要求一文一事。而报告可以一文一事，也可以一文数事。

（二）请示的类型

请示的分类主要是根据行文的目的和内容的不同来进行的，通常可分为两种。

1. 事项性请示

这种请示是下级机关请求上级机关审核批准某项或者开展某项工作的请示,属于请求批准性的请示。这种请示多用于机构设置、审定编制、人事任免、重要决定、重大决策、大型项目安排等事项。这些事项按规定本级机关无权决定,必须请示上级机关批准。

下级机关在工作中遇到人力、物力、财力等方面难以解决的事项,用请示请求上级机关给予帮助、支持的请示,也是事项性请示。

2. 政策性请示

下级机关在工作中对某一方针、政策、法规、指示等不明确、不理解,请求上级指示;遇到新问题和新情况,依据原先规定难以处理,需要上级机关指导、解释或解决;平行机关间对某一工作发生意见分歧无法统一,需要向同一上级机关请示作出裁决等,所用的请示属于请求上级指示的政策性请示。行文时,往往需要提出解决的意见,请求上级机关给予明确的解释和指示。

二、请示的结构和写法

请示的结构及写法,在行政公文中应该说是比较规范的。请示的结构包括标题、主送机关、正文和落款,结构完整规范。

(一)标题

请示的标题一般要写明"发文机关+事由+文种",发文机关一般可以省略。写标题要注意,不能将"请示"写成"报告"或"请示报告",缘由中也不要重复出现"申请""请求"之类的词语。

(二)主送机关

主送机关是指办理请示的直接上级机关或主管部门,只能写一个。

(三)正文

请示的正文主要包括缘由、事项和结语三部分。

1. 缘由

请示的缘由是请示事项和要求的理由及依据。要先把缘由讲清楚,然后再写请示的事项和要求,这样才能顺理成章。缘由很重要,关系到事项是否成立,是否可行,当然关系到上级机关审批请示的态度。因此,缘由常常需要十分完备,依据、情况、意义、作用等都要写上。

2. 事项

请示的事项包括办法、措施、主张、看法等,要符合法规,符合实际,具有可行性。因此,事项要写得具体、明白。如果请示的事项内容比较复杂,要分清主次,一条一条地写出来,条理要清楚,重点要突出。如果请示的事项简单,则往往和结语合为一句话,如"特申请……,请审批"。

请示事项应该避免不明确、不具体的情况和把缘由、事项混在一起的情况。否则,不得领会要领,不知要求解决什么问题。

3. 结语

请示的结语有"以上请示,请批复""以上请示如无不妥,请批准"等。结语是请示必不可少的一项内容,不能遗漏,更不能含糊其词。

(四)落款

落款写明发文机关名称和日期。

三、请示的写作要求

(一)一文一事

一份请示只能写一件事,按照《党政机关公文处理条例》规定,结合实际工作需要。如果一文多事,可能导致受文机关无法批复。

(二)单头请示

请示只能主送一个上级领导机关或者主管部门。如果需要,可以抄送有关机关。这就可以避免出现推诿扯皮的现象。

(三)不越级请示

这一点,请示与其他行政公文是一样的。如果因特殊情况或紧急事项必须越级请示时,要同时抄送越过的直接上级机关。除个别领导直接交办的事项外,请示一般不直接送领导个人。

(四)不抄送下级

请示是上行公文,行文时不得同时抄送下级以免造成工作混乱,更不能要求下级机关执行上级机关未批准和批复的事项。

例文评析

关于增加 HSE 管理人员的请示

集团公司:

目前,我公司厂级 HSE 管理人员只配备 3 人,随着新《中华人民共和国安全生产法》的实施,HSE 管理要求越来越严格,HSE 管理责任越来越重。我公司尽管不属于生产单位,但总公司规定的高风险作业,除接触危险化学品作业外,其余几项在我公司每年的检维修施工作业中均有涉及,目前我公司现有安全人员的配备已经远远无法满足安全管理的需求,增加 HSE 管理人员已迫在眉睫,但因我公司 35 岁以下员工仅有 7 人,且学历普遍偏低,能胜任安全管理工作的更是寥寥无几,更无合适人员可用。结合我公司工作需要,现申请集团公司调配 2 名年轻人员(新招聘大学毕业生为佳)从事厂级 HSE 管理工作。

当否,请批示。

×× 分公司

2020 年 3 月 3 日

【评析】该请示文体准确、关系明确、事由正确、诉求确切。行文待解决问题及初步方案理由充分,有理有据,方案提出的诉求适度、合理,结尾习惯性用语恰当,整体结构完整,逻辑清晰,表达准确。

任务实施

一、环境要求

可选择模拟办公室或多媒体教室等场所进行,备好纸、笔,配备计算机、投影仪等设备,最好每名学生配备一台计算机进行上机写作。

二、实施步骤

第一步,通过网络查阅新闻发布会的相关材料;第二步,分组讨论请示写作的内容要点,主要包括新闻发布会的主题、目的、时间、地点、参会人员、新闻发布内容等;第三步,每人执笔或上机,写作初稿;第四步,不同小组间组员相互修改并签名;第五步,选取学生作品在多媒体上展示,师生共同点评。

巩固提升

根据下面提供的材料,对案例进行分析,对存在的问题进行修改。

总公司人力资源部:

随着公司业务量的增大,我中心核保、核赔相关处室人力逐渐吃紧,故申请在相关处室合计增加2~3名人员,计划从大学毕业生中招聘或是从分公司人员中借调。望贵部对此增加人员的计划予以核准。

如有问题,请及时与我中心联系。

任务五　函

学习目标

(1)了解函的含义、特点、分类和作用。

(2)掌握函的结构、写法和写作要求。

(3)能根据任务要求,规范地拟写各种函。

情景任务

小张今年刚担任××公司安全生产部门经理的助理,领导让他陪同出差到××公司学习先进的安全生产管理经验,需要提前联系对方公司。

假如你是小张,请你按照需要拟写一封函。

知识链接

一、基础知识

(一)函的适用范围

函适用于不相隶属机关之间商洽工作、询问和答复问题、请求批准和答复审批事项,是为数不多的平行文种。函的适用范围如下:

(1)不相隶属机关之间商洽工作、询问和答复问题。不相隶属机关(或无隶属关系)是指非同一组织系统内的任何机关之间,既不是领导与被领导的上下级关系,也不是业务上的指导与被指导关系。也就是说,函的发文与受文机关之间,无论机关大小,级别高低,都不存在职权上的指挥与服从关系,相互行文只能用函。

(2)向有关主管部门请求批准事项,以及有关主管部门答复审批事项。有关主管部门是指"某一职能部门",即某项工作的执法或专管部门,由于某方面工作由其专管,任何机关、单位、社会团体若要办理涉及其主管范围内的公务,均须征得该主管部门的同意或支持,就应向其发文请求批准。但由于不是上下级关系,所以只能用函。例如,某镇人民政府向银行申请贷款,向县城建局(部门)报建工程,向县教育局申请社会办学;某大学向所在地供电所要求增加用电量等,均应采用请批函行文。

(二)函的特点

(1)沟通性。函对不相隶属机关之间商洽工作,询问和答复问题,起着沟通作用,充分显示平行文种的沟通功能。

（2）灵活性。表现在两个方面：一是行文关系灵活，函是平行公文，但是它除了平行行文外，还可以向上行文或向下行文，没有其他文种那样严格的特殊行文关系的限制；二是格式灵活，除了国家高级机关的主要函必须按照公文的格式、行文要求行文外，其他一般函比较灵活自便，既可以按照公文的格式及行文要求办理，也可以没有文头版记，不编发文字号，甚至可以不拟标题。

（3）单一性。函的主体内容具备单一性的特点，一份函只宜写一件事项。

（三）函的分类

函可以从不同角度分类：

（1）按性质分，可分为公函、便函。公函用于机关单位正式的公务活动往来；便函用于日常事务性工作的处理，不属于正式公文，没有公文格式要求，不用发文字号，甚至可以不要标题，只需要在尾部署上机关单位名称、成文时间并加盖公章即可。

（2）按发文目的分，可分为发函、复函。发函即主动提出事项所发出的函；复函为回复对方所发出的函。

（3）从内容和用途上分，可分为商洽函、问复函、请准函。此外还有通知事宜函（知照函）、催办事宜函（催办函）、邀请函、报送材料函等。

二、函的结构和写法

由于函的类别较多，从制作格式到内容表述均有一定灵活机动性。在此主要介绍规范性公函的结构、内容和写法。公函的基本结构：标题+主送机关+正文+落款+成文日期。

（一）标题

公函的标题一般有四种形式：

（1）发文机关名称+事由+文种，如《国家安全生产监督管理总局关于生产安全事故认定若干意见问题的函》。

（2）事由+文种，如《关于上报〈××公司二期改造项目评估报告〉的函》。

（3）主送机关+文种，如《给×××（单位）的函》。

（4）发文机关+事由+去（复）函机关+文种，如《贵州省安全生产监督管理局关于对毕节市安监局上报煤矿企业接替采区手续有关问题请示的复函》。

（二）发文字号

公函要有正规的发文字号，写法与一般公文相同，由机关代字、年号、顺序号组成。大机关的函，可以在发文字号中显示"函"字，如《国家安全监管总局办公厅关于使用危险化学品单位安全监管有关问题的复函》以"安监总厅管三函〔2012〕97 号"为该函的发文字号。

（三）主送机关

主送机关即受文并办理来函事项的机关单位，于文首顶格写明全称或者规范化简称，其后用冒号。

（四）正文

函的正文结构一般由开头、主体、结尾（结语）、落款等部分组成。

1. 开头

开头主要说明发函的缘由。如果是去函，先概括交代发函的目的、根据、原因或背景等内容，然后用"现将有关问题说明如下："或"现将有关事项函复如下："等过渡语转入下文。

复函的缘由部分，一般首先引叙来文的标题、发文字号，然后再交代根据，以说明发文的缘由。

2. 主体

主体是函的核心内容部分。主要说明致函事项。发函要写清商洽、询问、告知、请准的主要事项；复函则要针对来函内容，作出具体的、明确的答复。要注意答复事项的针对性和明确性。不论去函还是复函主体的内容都要求明确、集中、单一，做到一函一事。行文要直陈其事。

3. 结尾

结尾部分，向对方提出希望或请求。或希望对方给予支持和帮助，或希望对方给予合作，或请求对方提供情况，或请求对方给予批准等。

最后，应根据函询、函告、函请或函复的事项，选择运用不同的结束语。如"特此函商""特此函询""请即复函""特此函告""特此函复""以上如无不妥，请批准"等惯用结语收束。

有的函也可以不用结束语，如属便函，可以像普通信件一样，使用"此致""敬礼"。

4. 落款

落款一般包括署名和成文时间两项内容。署名机关单位名称，写明成文时间年、月、日，并加盖公章。

三、函的写作要求

首先，要注意函的行文简洁明确，用语把握分寸。无论是平行机关或者是不相隶属的函的行文，都要注意语气平和有礼，不要倚势压人或强人所难，也不必逢迎恭维、曲意客套。一般来说，请批函要谦恭，批准函要庄重，商洽函要亲切。至于复函，则要注意行文的针对性，答复的明确性。

其次，函也有时效性的问题，特别是复函更应该迅速、及时。像对待其他公文一样，函件也需要及时处理，以保证公务等活动的正常进行。

例文评析

××市统计局关于请求拨款的函

市财政局：

　　我局原有132平方米砖瓦结构车库（平房）一处，因年久失修，于今年雨季突然倒塌，急需修复。经测算，共需资金30万元。因我局除财政拨款外无任何资金来源，故请能予拨款为盼，以便解决车辆安全存放的问题。

　　请予批准。

　　附件：《维修图纸与预算》一份。

××市统计局

2022年8月10日

【评析】该函标题的事由概括准确。商洽事项陈述详尽，用词准确，语言简洁、庄重、得体。

任务实施

一、环境要求

可选择模拟办公室或多媒体教室等场所进行，备好纸、笔，配备计算机、投影仪等设备，最好每名学生配备一台计算机进行上机写作。

二、实施步骤

第一步，通过网络查阅函的相关材料；第二步，分组讨论该函写作的内容要点，主要包括人员、时间、商洽内容等；第三步，每人执笔或上机，写作初稿；第四步，不同小组间组员相互修改并签名；第五步，选取学生作品在多媒体上展示，师生共同点评。

巩固提升

根据下面提供的材料，对案例进行分析，对存在的问题进行修改。

关于联系教师进修的函

××大学教务处：

　　首先让我们以××市公关学校的名义，向贵处表示衷心的感谢，过去为我校办学给予了很大的帮助。目前我校又面临一个很难解决的问题。

　　原来事情是这样的：我校开办不久，师资力量很差，决定派××位年轻教师到贵校旁听进修一年。我校与有关部门多次商量。但××位教师进修住宿问题，至今也没有得到解决。提高教学质量的关键是师资。为提高我校教育质量，恳请贵处设法在贵校给解决住宿问题。但不知贵处是否有什么困难。如果需要我校给贵处办什么事情，请尽管提出，我校会竭力去办。再说一句，贵处如能解决我校进修教师住宿问题，我们以我校领导的名义向贵校领导深深地表示谢意。

××市公关学校（印章）

2020 年 2 月 10 日

任务六　纪　要

学习目标

(1)了解会议纪要的含义、特点、分类和作用。

(2)掌握会议纪要的结构、写法和写作要求。

(3)能根据任务要求,规范地制作会议纪要。

情景任务

某建筑公司召开年终董事会议,主任让新任秘书小蔡做好会议记录,会后写会议纪要。小蔡记得非常详细,会后马上整理会议记录,按照会议议程将会议记录"瘦身",形成了会议纪要。他整理好后,反复检查了几遍,自认为文通字顺,主任一定会表扬他。没想到主任看了很不满意,要他好好学习一下会议记录和会议纪要的写法。

假设你是小蔡,请你制作一个会议纪要的模板。

知识链接

一、基础知识

(一)纪要的适用范围

纪要是用于传达会议议定事项和重要精神,并要求有关单位共同遵守、执行的一种纪实性公文。《党政机关公文处理工作条例》规定:纪要适用于记载会议主要情况和议定事项。纪要根据会议记录和会议文件以及其有关材料加工整理而成,反映会议基本情况和精神,其主要作用是通报会议精神,统一认识,指导工作。

(二)纪要的特点

(1)内容的纪实性。纪要应如实地反映会议内容,它不能离开会议实际搞再创作,不能搞人为拔高、深化和填平补齐。否则,就会失去其内容的客观真实性,违反纪实的要求。

(2)表达的要点性。会议纪要是依据会议情况综合而成的。撰写纪要应围绕会议主旨及主要成果来整理、提炼和概括。纪要重点应放在介绍会议成果,而不是叙述会议的过程,切忌记流水账。

(3)称谓的特殊性。纪要一般采用第三人称写法。由于纪要反映的是与会人员的集体意志和意向,常以"会议"作为表述主体,"会议认为""会议指出""会议决定""会议要求""会议号召"等就是称谓特殊性的表现。

二、纪要的结构和写法

纪要通常由标题、正文、结尾构成。

(一)标题

纪要的标题有三种情况:一是"会议名称+纪要",如《安全生产专项检查会议纪要》;二是"召开会议的机关+内容+纪要",如《××省安全生产监督管理局党组会议纪要》;三是复式标题,如《一切围绕经济好转,一切围绕效益实干——××省××市负责同志座谈会纪要》。

(二)正文

纪要正文一般由两部分组成:

(1)会议概况。主要包括开会的根据(背景)、目的、时间、地点、名称、与会人员(包括主持人、出席人、列席人)、主要议题、基本议程、对会议的总体评价等。具体内容可以根据情况灵活把握。

(2)会议的精神和议定事项。常务会、办公会、日常工作例会的纪要,一般包括会议内容、议定事项,有的还可概述议定事项的意义。工作会议、专业会议和座谈会的纪要,往往还要写出经验、做法、今后工作的意见、措施和要求。

根据会议性质、规模、议题等不同,这部分大致可以有以下几种写法:

(1)集中概述式。这种写法是把会议的基本情况,讨论研究的主要问题,与会人员的认识、议定的有关事项(包括解决问题的措施、办法和要求等),用概括叙述的方法,进行整体的阐述和说明。这种写法多用于召开小型会议,而且讨论的问题比较集中单一,意见比较统一,容易贯彻操作,写的篇幅相对短小。如果会议的议题较多,可分条列述。

(2)分类标项式。召开大中型会议或议题较多的会议,一般采取分项叙述的办法,即把会议的主要内容分成几个大的问题,然后另上标号或小标题,分项来写。这种写法侧重于横向分析阐述,内容相对全面,问题也说得比较细,常常包括对目的、意义、现状的分析,以及目标、任务、政策措施等的阐述。这种纪要一般用于需要基层全面领会、深入贯彻的会议。

(3)发言提要式。这种写法是把会上具有典型性、代表性的发言加以整理,提炼出内容要点和精神实质,然后按照发言顺序或不同内容,分别加以阐述说明。这种写法能比较如实地反映与会人员的意见。某些根据上级机关布置,需要了解与会人员不同意见的纪要,可采用这种写法。

(4)指挥命令式。这种写法主要用于写会议决定事项,会议情况一笔带过,简练明快,多用于安排部署重要工作的会议。一般都这样写:"会议决定……""会议同意……""会议通过了……"等。

(三)结尾

有些重要的纪要有结尾部分。这部分主要写对有关单位会后贯彻执行会议精神的希望和号召。讨论性纪要的结尾常常写希望和建议,一般的纪要可以不写这一部分。

三、纪要的写作要求

（1）要真实地反映出会议的情况和与会者的观点。

（2）要突出中心议题，真正地写出会议的"要"来。

（3）要条理清晰，语言准确，使人一目了然。

（4）纪实写完后，必须经主管领导过目，同意签发，加盖公章，才能形成文件。

例文评析

> **研究深化安全生产行政审批制度改革有关工作的专题会议纪要**
>
> 20××年12月16日下午，局党组书记、局长李××在六楼第一会议室主持召开局长办公（扩大）会议，专题研究深化安全生产行政审批制度改革有关工作。党组副书记、副局长叶××，党组成员、副局长陈××出席会议。
>
> 会议强调，要认真贯彻落实《省人民政府关于当前深化行政管理体制改革的若干意见》（黔府发〔20××〕19号）和《省人民政府办公厅关于当前深化行政审批制度改革工作的实施意见》（黔府办发〔20××〕29号）精神，按照贵州省人民政府法制办公室公告（20××年3号）要求，通过减少行政审批事项、减少审批环节、减少审批时限、减少审批层级，提高行政效能，优化发展环境。
>
> 会议经过研究，议定以下意见：
>
> 一、关于行政审批当场办结的有关问题
>
> 根据贵州省人民政府法制办公室公告（20××年3号）要求我局当场办结的8项行政审批事项变更、补办事宜的，必须当场办结。分管局领导、处室主要负责人要充分授权进驻省政府政务服务中心窗口（以下简称中心窗口）工作人员，符合当场办结条件的，中心窗口工作人员可以通过打电话、发短信等方式请示汇报，分管局领导、处室主要负责人在第一时间回复后，立即当场办结。
>
> ……
>
> 参会人员：政策法规处李××、罗××、安全监察处谢××、黄××、曹××……
>
> 记录整理：××
>
> 20××年12月17日

【评析】这是一份专题会议纪要。开头部分简要介绍了会议召开主要议题、与会人员、时间和地点，主体部分就会议进行的有关问题讨论以及作出的相应决定给予纪要，详略得当，重点突出。采用分条列项式，条理清楚，便于贯彻执行。

任务实施

一、环境要求

可选择模拟办公室或多媒体教室等场所进行，备好纸、笔，配备计算机、投影仪等设备，最好每名学生配备一台计算机进行上机写作。

二、实施步骤

第一步,通过网络查阅会议纪要的相关材料,了解会议纪要的基本格式、写作要求和注意事项;第二步,分组讨论该会议纪要的内容要点,主要包括会议主题、时间地点、参会人员、主要议题、发言摘要、决议和行动计划等;第三步,每人执笔或上机,写作初稿;第四步,不同小组间组员相互修改并签名;第五步,选取学生作品在多媒体上展示,师生共同点评。

巩固提升

假设你班上近日召开安全教育主题班会,组织学习《学生手册》中有关的安全规章制度,结合已发生的安全事故和潜在的安全隐患进行了讨论,辅导员重申了有关纪律和要求。试根据此班会内容,写一份纪要。

要求:通过会议情景模拟,体验、学习如何概括、确立纪要的写作内容,并根据纪要的格式要求写作。

模块二　安全生产事务文书

📖 模块要点

本模块由计划、安全日志、会议记录、调查报告、述职报告、总结六个常用安全生产事务性文书写作任务构成。通过任务训练,旨在使学生了解计划、安全日志、会议记录、调查报告、述职报告、总结的含义、特点、分类与作用,掌握其写作格式、结构与要求,能够结合实际任务撰写常用的安全生产事务文书。培养学生规范化、标准化的工作态度与习惯,逐步具备安全生产管理者的思维与能力。

🔔 重点

计划、安全日志、会议记录等安全生产事务文书的结构和写法。

🔔 难点

根据材料,撰写计划、安全日志、会议记录等各种安全生产事务文书。

任务一　计　划

学习目标

（1）了解计划的含义、特点、分类和作用。

（2）掌握计划的结构、写法和写作要求。

（3）能根据任务要求，规范地拟写安全生产工作计划。

情景任务

小张今年刚做了××公司安全生产部门经理的助理，经理要求他在年终时把明年的部门工作安排好，明确列出下一年度的工作的目标、内容、预算和时间安排等关键要素，并强调员工的责任和参与的重要性，建立良好的反馈机制和沟通渠道，以推动公司的安全文化建设和安全生产管理的有效落地。假设你是小张，请你拟写一份部门安全生产工作计划。

知识链接

一、基础知识

（一）计划的含义和特点

1. 计划的含义

计划是单位或个人对未来一定时间内要做的工作从目标、任务、要求到措施预先作出设计安排的事务性文书。

计划是计划类文书的统称。由于目标远近、时间长短、内容详略等的差异，计划类文书还有不同的名称，如下：

（1）规划。规划是一种时间跨度长（三年以上），范围广，内容较为概括的计划。例如：《××市城市建设总体规划》。

（2）纲要。纲要和规划相同，它们都是各级领导机关根据战略方针，为实现总体目标对某个地区或某一事项作出长远的部署。不同的是纲要比规划更为原则和概括，一般只对工作方向、目标提出纲领式要求和指导性措施。例如：《××市20××年经济发展纲要》。

（3）设想。设想是一种粗线条的、初步的、预备性的非正式计划。相对来讲，其适用时限较长。例如：《××市拓展就业安置门路的设想》。

（4）打算。打算也是一种粗线条的、其想法不太成熟的非正式计划。相对设想，它的内容范围不大且更多考虑近期要做的。例如：《××学校争创文明校园的打算》。

（5）要点。要点是将计划的主要内容择要摘编，使之简明突出。它适用于时间相对较短的计划。例如：《××局20××年工作要点》。

（6）方案。方案是从目的、要求、方式、方法、进度等作出全面周密部署，有很强可操作性的计划。方案一般适合专项工作，其实施往往须经上级批准。例如：《××市住房分配制度改革实施方案》。

（7）意见。意见属粗线条计划，它适用于上级向下级布置工作任务并提供基本的思路、方法，交代政策，提出要求等。例如：《××公司关于下属企业20××年扭亏增盈全面提高经济效益的意见》。

（8）安排。安排是短期内要做的，且范围不大、内容单一、布置具体的一类计划。例如：《××管理处第×周工作安排》。

2. 计划的特点

（1）目的性。制订计划就是为了在一定时间、范围内完成某项任务，因而目的性在计划中十分明显。它在每份计划中好比是灵魂，制约着一切，决定着一切。如果没有明确的目的，计划就失去了意义。

（2）预见性。计划必须对未来工作中可能发生的问题有充分的考虑和估计，据此提出必要的、科学的、可行的措施和方法。

（3）可行性。计划应该是先进性和可行性的高度统一，计划中提出的目标是先进的，但是这个目标又必须是经过努力可以实现的。

（4）指导性。计划一经制订，就要对完成任务的事件、活动起到控制和约束作用，工作的开展、时间的安排等都必须按照计划严格执行。

（二）计划的主要类型

（1）目的性。制订计划就是为了在一定时间、范围内完成某项任务，因而目的性在计划中十分明显。它在每份计划中好比是灵魂，制约着一切，决定着一切。如果没有明确的目的，计划就失去了意义。

（2）预见性。计划必须对未来工作中可能发生的问题有充分的考虑和估计，据此提出必要的、科学的、可行的措施和方法。

（3）可行性。计划应该是先进性和可行性的高度统一，计划中提出的目标是先进的，但是这个目标又必须是经过努力可以实现的。

（4）指导性。计划一经制订，就要对完成任务的事件、活动起到控制和约束作用，工作的开展、时间的安排等都必须按照计划严格执行。

二、计划的结构和写法

（一）标题

计划一般有公文式标题和正副式标题两种类型。

1. 公文式标题

计划一般包括生产公司或企事业单位名称、适用期限、计划内容等，常见的写法有：

（1）单位名称+计划适用时限+计划内容+文种名称，如《××公司20××年工作计划》。

（2）单位名称+计划内容+文种名称，如《××公司财务收支计划》。

（3）计划适用时限＋计划内容＋文种名称，如《20××年工作计划》。

（4）计划内容＋文种名称，如《第四届诗歌朗诵比赛方案》。

2. 正副式标题

正标题以生动形象的语言概括主题，副标题则为公文式标题，如《开拓创新再写辉煌——××公司 20××年工作计划》。

（二）正文

正文是计划的主体部分。

文字式计划一般先写前言，后写计划的主要内容。其中，前言一般包括概述形势、制订计划的目的、重要依据和指导思想、单位的基本情况、要达到的总目标等，但须写得言简意赅。

表格式计划则不必写前言，计划的主要内容一般包括要达到的各项具体目标、指标、要求、措施、步骤、方法、完成时间等，有的还有附表、附图、解释说明等。

（三）落款

（1）署名。若标题上已冠有制订计划的单位名称，则只需在正文右下方加盖单位公章就行了。若标题未冠以单位名称，那么正文右下方就要署上单位全称，并加盖公章。

（2）日期。在署名的下方写明制订计划的详细日期。

三、计划的写作要求和注意事项

（一）要有政策依据和全局观念

制订计划的目的是更好地把党和国家的路线、方针、政策与本单位实际结合起来，使政策具体化。因此，制订计划时必须以党和国家的总任务、各项方针、政策以及本行业的具体方针和要求为依据，正确处理整体与局部的关系，长远和当前的关系，部门和部门的关系，一切从人民利益这个大局出发，不搞地方主义和本位主义。

（二）要实事求是，量力而行

计划虽然面对未来，但是并非凭空想象，而是根植于现实的，制订计划必须从实际出发，实事求是。要结合本地区、本部门、本单位的具体情况、特点和条件，依据政策精神，发挥自身优势，制订出符合实际、切实可行的计划。既不能凭主观意志，想当然地提措施、想办法，也不能不负责任地照抄、照搬、照转。不要搞高指标、假指标，要从实际出发，量力而行，计划订得既先进又留有余地，使群众经过努力有可能完成或超额完成任务；反之，如任务太满，指标太高，措施不当，群众经过努力仍完不成任务或达不到指标，就容易挫伤他们的积极性，计划也就成了一纸空文。

（三）要走群众路线，集思广益

订计划要走群众路线、集思广益。常言道："三个臭皮匠，顶个诸葛亮。"因为计划是要靠大家共同努力才能实现的。因此,必须深入调查研究,广泛征求群众意见,让群众出谋献策,让群众讨论、研究。这样,既能统一群众思想,集中群众智慧,又能使群众了解计划的要求,明确奋斗目标,以主人翁的姿态投入工作,从而促进计划的实现。

(四)内容要具体,语言要简明

计划里面的目的、任务、指标、措施、办法、步骤、负责单位等一定要写得具体明确,责任分明,便于执行检查。切忌内容过分原则、笼统,语言含糊,职责不清,无法落实和检查。计划的内容,一般都分条列项来写,用平直的叙述、简洁的说明,朴素自然;一般不用描写和形容。如果内容复杂,每个问题可设小标题,以示醒目。

例文评析

个人工作计划

20××年已经过去了,作为一名安全员,我对20××年的安全工作有以下计划:

1.加强公司的外协安全规范管理,安全员工作计划。制作公司进厂外协单位安全管理合同与外协临时施工作业安全管理合同。监督外部人员进厂安全操作,督促公司部门的外协安全管理责任,维护公司安全生产秩序。

2.加强公司安保情况的监督。加强对公司警卫室保安、值班室保卫、夜间巡逻保卫的工作监督,了解掌握摄像监控系统、周界报警系统、巡更巡检系统等软硬件的维护使用,维护厂区治安。

3.加强安全生产、职业卫生、消防安全、安全常识、安全法律等方面知识的宣传,定期进行张贴发布,或参与公司期刊安全工作讨论与建议,促成公司的安全文化氛围。

4.进行公司各安全工作资料的台账化管理。分门别类地对公司现有及编制的安全工作资料的管理,分别建档统一管理。

5.组织参与公司的新员工安全知识培训,以及各特种作业等的相关知识的公司内培,并进行考核监督,加强员工安全意识。

6.加强公司的安全管理制度化。编制起草公司安全生产管理制度及规章、督促各部门安全生产规程及岗位操作规范制度化建设、监督车间生产设备的维护与使用制度化。

7.加强日常车间安全生产环境与设备状态的监督,以及作业人员的违规作业管理。认真发现车间生产的安全隐患,多了解车间具体情况,多了解操作工人情况,及时反映问题并督促各部门的整改与完善。

8.加强对各生产设备工具、操作技术、生产材料及产品的了解,并进行相关安全分析和建议,辅助指导生产作业中的具体安全工作。

9.做好工伤事故的统计与报告管理工作。进行分析与调查,通过对责任人的处罚、事故安全教育宣传工作,预防减少事故的发生与损失。

10.加强对安全设施设备、安全防护用品的管理工作。包括对灭火器、消防栓、安全疏散标志、应急灯等的维护与管理,以及安全帽、安全鞋、防护手套、防护服等的发放与更新及使用状况的统计与监督。

11.加强与各生产部门经理、主管的交流,及时反映车间的安全生产工作状况并提出相关建议或讨论,组织参与相关会议活动,共同推进公司安全生产工作。

12.加强公司与政府监管部门安全工作的合作。参加区、镇安全生产会议、培训,向领导汇报政府部门下达的相关通知,并组织落实。接待各政府监管部门的检查监督工作,落实相关整改及改进建议。

【评析】这是一篇个人年度工作计划。该计划立足本职岗位职责,结合行业政策、实事求是地列出了各项工作任务和要求,言简意赅、条理清楚。

任务实施

一、环境要求

可选择模拟办公室或多媒体教室等场所进行,备好纸、笔,配备计算机、投影仪等设备,最好每名学生配备一台计算机进行上机写作。

二、实施步骤

第一步,通过网络查阅安全生产工作的相关材料。第二步,分组讨论该计划写作的内容要点,主要包括指导思想、总体目标、组织领导、重点工作等。第三步,每人执笔或上机,写作初稿。第四步,不同小组间组员相互修改并签名。第五步,选取学生作品在多媒体上展示,师生共同点评。

巩固提升

××企业为了落实市政府关于烟花爆竹安全管理工作的部署,须结合相关规定,拟写一份包括目的、要求、方式、方法等部署具体、周密且操作性强的工作方案。

任务二　安全日志

学习目标

（1）了解安全日志的含义、定位、填写存在的问题。

（2）掌握施工安全日志的结构、写法和写作要求。

（3）能根据任务要求，规范地填写安全日志和进行安全日志模板设计。

情景任务

　　小张是某建筑公司的专职安全员，他的日常工作职责之一是做安全日志，那安全日志都包括什么内容呢？假设你是小张，请你制作一份安全日志模板。

知识链接

一、基础知识

　　安全日志也称作安全日记，是施工现场安全管理人员的日常工作记录。施工安全日志是从工程开始到竣工，由专职安全员对整个施工过程中的重要生产和技术活动的连续不断的翔实记录。施工安全日志是项目每天安全施工的真实写照，也是工程施工安全事故原因分析的依据，在整个工程档案中具有非常重要的位置。

　　（一）施工安全日志的定位

　　（1）施工安全日志是一种记录。它主要记录的是在施工现场已经发生的违章操作、违章指挥、安全问题和隐患，并对发现的问题进行的处理。

　　（2）施工安全日志是一种证据。它是设备设施是否进行了进场验收、安质人员是否对现场安全隐患进行检查的证明。

　　（3）施工安全日志是工程的记事本，是反映施工安全生产过程的最详尽的第一手资料。它可以准确、真实、细微地反映出施工安全情况。

　　（4）施工安全日志可以起到文件接口的作用，并可以用于追溯出一些其他文件中未能提及的事情。

　　（5）施工安全日志作为施工企业自留的施工资料，它所记录的因各种原因未能在其他工程文件中显露出来的信息，将来有可能成为判别事情真相的依据。

（二）施工安全日志填写存在的主要问题

（1）未按时填写，为检查而作资料：当天发生的事情没有在当天的日志中记载，出现后补现象。有记录人员平时不及时填写安全日志，为了迎接公司或者其他上级部门的检查，把自己关在办公室里写"回忆录"。从以往某些项目的施工安全日志中不难发现，今天已经是六月几日，但往往施工安全日志的填写还停留在五月中旬，更甚者出现三、四月的都没有填写。

（2）记录简单：没有把当天的天气情况、施工的分项工程名称和简单的施工情况等写清楚，工作班组、工作人数和进度等均没有进行详尽记录。

（3）内容不齐全不真实：根据施工安全其他资料，某种设施用品是在某月某日进场的，但日志上找不到记录；捏造不存在的施工内容，由于施工日志未能及时填写，出现大部分内容空缺，记录者就凭空记录与施工现场不相符的内容。

（4）内容有涂改：一般情况下，施工安全日志是不允许有涂改的。

（5）主要工作内容中还缺少：①停电、停水、停工情况；②施工机械故障及处理情况等。

（6）部分项目的施工安全日志记录用蓝色圆珠笔甚至铅笔填写。作为施工项目重要资料之一，日志填写应统一使用黑色钢笔及带黑色墨水的中性笔填写。

（7）"现场存在隐患及整改措施"（发现安全事故隐患、违章指挥、违章操作等）一栏记录安全事故隐患，后面应对隐患及时整改消除，填写应闭合。

二、施工安全日志的结构和写法

施工安全日志的内容可分为基本内容、施工内容、主要记事三个方面。

基本内容包括日期、星期、天气的填写。

施工内容包括施工的分项名称、层段位置、工作班组、工作人数及进度情况。

主要记事包括：

（1）巡检（发现安全事故隐患、违章指挥、违章操作等）情况。

（2）设施用品进场记录（数量、产地、标号、牌号、合格证份数等）。

（3）设施验收情况。

（4）设备设施、施工用电、"三宝、四口"防护情况。

（5）违章操作、事故隐患（或未遂事故）发生的原因、处理意见和处理方法。

（6）其他特殊情况。

三、施工安全日志填写要求及注意细节

（1）应抓住事情的关键点。例如：发生了什么事；事情的严重程度；何时发生的；谁干的；谁领谁干的；谁说的；说什么了；谁决定的；决定了什么；在什么地方（或部位）发生的，要求做什么；要求做多少；要求何时完成；要求谁来完成，怎么做；已经做了多少；做得合格不合格；等等。只有围绕这些关键点进行描述，才能记述清楚，具备可追溯性。

（2）记述要详简得当。该记的事情一定不要漏掉，事情的要点一定要表述清楚，不能写成"大事记"。

（3）当天发生的事情应在当天的日志中记载，逐日记载，不得后补。

（4）记录时间要连续，从开工开始到竣工验收时止，逐日记载不许中断。若工程施工期间有间断，应在日志中加以说明，可在停工最后一天或复工第一天里描述。

（5）停水、停电一定要记录清楚起止时间，停水、停电时正在进行什么工作，是否造成经济损失等，是什么原因造成的，等等，为以后的工期纠纷及变更理赔留有证据。

（6）施工安全日志的记录不应是流水账，要有时间、天气情况、分项部位等记录，其他检查记录一定要具体详细。

例文评析

安全质量日志

20××.5.31		天气	晴	气温	最高 34 ℃
					最低 28 ℃
安全技术交底	1. 对××班组新进场××人员进行安全交底，检查特种工执业证，人证合一（对应安全资料、签到表） 2. 对××班组班前教育（对应影像资料留底备查）。 3. 对××分项工程施工工艺交底（对应××分项工程技术交底记录、签到表）				
例行安全检查	安全值勤记录	当日完成主要工程情况： 1. ×号栋××轴线—××轴线开挖、初期支护，开挖机械 3 台、清理浮土 7 人 2. ×号栋基础地梁混凝土浇筑施工，浇筑人员 7 人、混凝土输送泵 1 台，振捣棒 3 部 3. ×号栋一层梁板模板铺设，剪力墙钢筋绑扎，木工 15 人，钢筋工 10 人 4. ×号栋一层内架搭设，架子工 10 人 主要管理人员及主要机具设备使用情况和材料使用情况（名称、规格、数量、检验等）： 1. 施工技术人员：李岩、刘书龙　质检员：郝丽红　安全员：张祖英、陆宏 2. 施工机械：电焊机、振动棒、混凝土输送泵、挖掘机等 3. 施工机械运转正常 经检查施工用原材料（砂、水泥、碎石）满足施工要求 施工中发现的问题及处理情况： 1. ×号栋基坑防护栏杆松动，通知安全文明施工班组及时恢复 2. ×号栋混凝土施工污染施工道路，及时通知泥工班组清扫 3. ×号栋木工在外架上堆物，已下发安全隐患整改通知单，限时整改 4. 便道通畅，平整，已采取降尘措施			

续表

例行安全检查	技术质量安全工作记录	1. 各类会议:生产例会、技术/质量/安全会议等 2. 安全检查验收情况:重点检查内容、安全验收内容、检查验收结果 3. 对施工中发现问题的处理:原材料/构件、钢筋、模板、混凝土、其他工程 4. 试验情况:钢筋/防水材料等原材料、混凝土与砂浆试块、其他试件试验合格 5. 质量预检情况:原材料/构件、钢筋加工与绑扎、模板加工与安装、混凝土、其他分项 6. 质量验收情况:原材料/构件、钢筋加工与绑扎、模板加工与安装、混凝土、其他分项工程质量通过监理验收,分部工程/单位工程质量验 7. 结构实体检验及其他检验结果	
	设施检查验	经检查工地临电符合安全规范要求 经检查工地施工设施运行正常 工人正确佩戴防护用品,无违章作业行为	
安全	施工现场无任何安全及质量事故	记录人签字	

【评析】该安全质量日志采用表格化模板记录,记录内容全面,条理清晰。

任务实施

一、环境要求

可选择模拟办公室或多媒体教室等场所进行,备好纸、笔,配备计算机、投影仪等设备,最好每名学生配备一台计算机进行上机写作。

二、实施步骤

第一步,通过网络查阅建筑施工安全生产工作的相关材料。第二步,分组讨论安全日志写作的内容要点,主要包括基本内容、施工内容、主要记事等。第三步,每人执笔或上机,写作初稿。第四步,不同小组间组员相互修改并签名。第五步,选取学生作品在多媒体上展示,师生共同点评。

巩固提升

根据施工安全日志的含义及作用,设计安全日志模板。

任务三　会议记录

学习目标

（1）了解会议记录的含义、特点、分类和作用。

（2）掌握会议记录的结构、写法和写作要求。

（3）能根据任务要求，规范地制作会议记录。

情景任务

小明是班委成员，最近学校要求组织一场校园安全主题班会，要求以班级为单位组织主题班会并做好记录。假设你是小明，请组织一场主题班会，完成会议记录。

知识链接

一、基础知识

会议记录是由会议组织者指定专人，如实、准确地记录会议的组织情况和会议内容的一种机关应用性文书。会议记录一般用于比较重要的会议或正式的会议，它要求真实、全面地反映会议的本来面貌。

（一）会议记录的作用

1. 依据作用

会议记录忠实地记录了会议的全貌。会议精神、会议形成的决定和决议、会议对重大问题作出的安排，如果在会议后期需要形成文件，要以会议记录为依据；如果不形成文件，与会者在会后传达贯彻会议精神和决定是否准确，也要以会议记录为依据进行检验。

2. 素材作用

会议进行过程中连续编发的会议简报，以及会议后期制作的会议纪要，都要以会议记录为重要素材。会议简报和会议纪要可以对会议记录进行一定的综合、提要，但不得对会议记录所确认的内容进行歪曲和篡改。可以说，会议记录是形成会议简报和会议纪要的基础。

3. 备忘作用

会议记录可以作为会议情况和会议内容的原始凭证。时过境迁，有关会议的内容和情况可能无法在记忆中复现了，甚至当时作出的重要决定可能也记不清了，这时就不妨查查会议记录。会议记录还可以成为一个部门和单位的历史资料,若干年后,通过大量会议记录可以了解这个单位的历史进程和发展状况。

(二)会议记录的特点

1.真实性

会议记录的执笔者与其他文章的写作者有一个重要的区别,那就是他只有记录权没有改造权。会议是个什么样就记成什么样,与会者发言时说了些什么就记下什么,记录者不能进行加工、提炼,不能增添、删减,不能移花接木,不能张冠李戴。

2.原始形态性

会议记录是会议情况和内容的原始化的记录。所谓原始,就是未经整理,未经综合。在这一点上,它跟会议简报、会议纪要有着很大不同。会议简报和会议纪要也是真实的,但不是原始的。虽然在内容上可能没有太大差别,但在存在形态上,会议记录跟会议简报和会议纪要的差异甚大。

3.完整性

会议记录对会议的时间、地点、出席人员、主持人、议程等基本情况,对领导讲话、与会者的发言、讨论和争议、形成的决议和决定等内容,都要记录下来,一般没有太多的选择性。

(三)分类

按照会议性质来分,会议记录大致有办公会议记录、专题会议记录、联席(协调)会议记录、座谈会议记录等。

办公会议记录是记述机关或企业、事业单位等机构对重要且综合性工作进行讨论、研究、议决等事项的一种会议记录。办公会议纪录一般有例行性办公会议记录,即记述例行办公会议情况及其议决事项的会议记录,以及现场办公会议纪录,即为解决某重大问题而召集有关方面和有关单位在现场研究、议决或协商的办公会议纪录。

专题会议记录是专门记述座谈会讨论、研究的情况与成果的一种会议记录。其主要特点是主题的集中性与观点意见的分散性相结合,既要归纳比较集中、统一的认识,又要将各种不同观点和倾向性意见都归纳表达出来。

二、会议记录的内容与要求

一般会议记录的格式包括两部分:一部分是会议的组织情况,要求写明会议名称、时间、地点、出席人数、缺席人数、列席人数、主持人、记录人等;另一部分是会议的内容,要求写明发言、决议、问题,这是会议记录的核心部分。

对于发言的内容,一是详细具体地记录,尽量记录原话,主要用于比较重要的会议和重要的发言。二是摘要性记录,只记录会议要点和中心内容,多用于一般性会议。会议结束,记录完毕,要另起一行写"散会"二字,如中途休会,要写明"休会"字样。

(1)准确写明会议名称(要写全称),开会时间、地点,会议性质。

(2)详细记下会议主持人、出席会议应到和实到人数,缺席、迟到或早退人数及其姓名、职务,记录者姓名。如果是群众性大会,只要记参加的对象和总人数,以及出席会议的较重要的领导成员即可。如果某些重要的会议,出席对象来自不同单位,应设置签名簿,请出席者签署姓名、单位、职务等。

(3)真实记录会议上的发言和有关动态。会议发言的内容是记录的重点。其他会议动态,如发言中插话、笑声、掌声、临时中断以及别的重要的会场情况等,也应予以记录。记录发言可分摘要与全文两种。多数会议只要记录发言要点,即把发言者讲了哪几个问题,每一个问题的基本观点与主要事实、结论,对别人发言的态度等,作摘要式的记录,不必"有闻必录"。某些特别重要的会议或特别重要人物的发言,需要记下全部内容。有录音机的,可先录音,会后再整理出全文;没有录音条件的,应由速记人员担任记录;没有速记人员,可以多配几个记得快的人担任记录,以便会后互相校对补充。

(4)记录会议的结果,如会议的决定、决议或表决等情况。

会议记录要求忠于事实,不能夹杂记录者的任何个人情感,更不允许有意增删发言内容。会议记录一般不宜公开发表,如需发表,应征得发言者的审阅同意。

三、写作注意事项及技巧

(一)写作注意事项

(1)真实、准确。要如实地记录别人的发言,不论是详细记录,还是概要记录,都必须忠实原意,不得添加记录者的观点、主张,不得断章取义,尤其是会议决定之类的内容,更不能有丝毫出入。真实准确的要求具体包括:不添加,不遗漏,依实而记;清楚,首先是要书写清楚,其次,记录要有条理,突出重点。

(2)要点不漏。记录得详细与简略,要根据情况决定。一般地说,决议、建议、问题和发言人的观点、论据材料等要记得具体、详细。一般情况的说明,可抓住要点,略记大概意思。

(3)始终如一。始终如一是记录者应有的态度。这是指记录人从会议开始到会议结束都要认真负责地记到底。

(4)注意格式。格式并不复杂,一般有会议名称。会议基本情况,基本情况包括时间、地点、出席人数、主持人、缺席人、记录人。会议内容,这是会议记录的主要部分,包括发言、报告、传达人、建议、决议等。

(5)凡是发言都要把发言人的名字写在前。一定要先发言记录于前,后发言记录于后。记录发言时要掌握发言的质量,重点要详细,重复的可略记,但如果是决议、建议、问题或发言人的新观点要记具体详细。

(二)写作技巧

一般说来,有四点技巧:一快、二要、三省、四代。

一快,即记得快。字要写得小一些、轻一点,多写连笔字。要顺着肘、手的自然去势,斜一点写。

二要,即择要而记。就记录一次会议来说,要围绕会议议题、会议主持人和主要人员发言的中心思想、与会者的不同意见或有争议的问题、结论性意见、决定或决议等作记录；就记录一个人的发言来说，要记其发言要点、主要论据和结论，论证过程可以不记；就记一句话来说，要记这句话的中心词，修饰语一般可以不记。要注意上下句子的连贯性、可读性，一篇好的记录应当独立成篇。

三省，即在记录中正确使用省略法。如使用简称、简化词语和统称。省略词语和句子中的附加成分，比如"但是"只记"但"，省略较长的成语、俗语、熟悉的词组，句子的后半部分，画曲线代替，省略引文，记下起止句或起止词即可，会后查补。

四代，即用较为简便的写法代替复杂的写法。一可用姓代替全名；二可用笔画少易写的同音字代替笔画多、难写的字；三可用一些数字和国际上通用的符号代替文字；四可用汉语拼音代替生词难字；五可用外语符号代替某些词汇；等等。但在整理和印发会议记录时，均应按规范要求办理。

例文评析

××公司安全专题会议记录

20××年××月××日项目部会议室召开了施工安全专题会议，会议要求项目部每一个管理人员对工程施工安全予以高度重视，认真做好临建施工的安全工作，会议由项目副经理兼安全总监主持，项目经理、总工、相关部门及人员参加了会议（详见会议签到表），现将会议内容记录如下：

会议内容：

一、项目经理在会上主要强调以下几个问题

1.认真学习和贯彻落实业主下发关于临建工程中的不足，逐一落实和整改。

2.做好施工现场的"五牌一图"安全宣传牌和其他安全警示牌设置及高边坡安全防护。

3.做好项目管理人员的安全培训教育及作业人员的安全培训教育工作，对新进场的施工人员进行安全培训和考核，做好施工现场安全交底。

4.安质部门对临建工程安全加强巡视，对重点安全地点进行旁站，切实消除临建工程中的安全隐患。

5.最后强调，所有管理人员掌握各自职责范围的要求，严格现场管理，严格劳动纪律，杜绝违章违纪现象，同时要做好施工现场的周密布置，并做好安全相关内业资料，为项目部以后的工作打好基础。

二、副经理兼安全总监对其他安全进行强调

1.拌和站及工点、施工便道的修建要保证混凝土运输车等施工车辆在晴天和雨天都能顺畅通行。

2.场地硬化按照四周低、中心高的原则进行，做到雨天场地不积水、不泥泞，晴天不扬尘。

3.拌和站安装避雷设施。

4.生活区及现场驻地必须在明显位置设有相应的灭火器材。

5.施工临时用电应注意几点：

（1）应编制临时用电施工组织设计，确定电源进线、总配电箱、分配电箱的位置及线路定向，制订安全用电技术措施和电气防火措施。经项目部相关部门审核批准后实施。

（2）应严格按照施工用电专项组织设计与施工现场平面布置进行架设和管理电力线，动力和照明线必须分开架设。

（3）配电房（室）、变压器等固定电力设备均设安全防护屏障或网栅网栏，高度不低于2.5 m，应设置明显的禁止、警告标志。

（4）施工现场临时用电应符合现行《施工现场临时用电安全技术规范》（JGJ 46—2005）的规定。必须采用 TN-S 接零保护系统，并做到三级配电两级保护和"一机一箱一闸一漏"。

（5）电力作业人员必须持证上岗，按规定正确穿戴、使用劳动保护用品。

（6）所有电气设备必须完整，无破损，性能良好。必须使用安装带有触电保护器的插座，确保性能可靠；严禁使用铜丝、铁丝等金属代替保险丝；严禁在一个开关上连接多台电动设备。

（7）夜间施工时，现场应设有满足施工安全要求的照明设施。

6. 作业人员进入施工现场必须佩戴安全帽，高空作业人员佩戴安全带，特种作业人员应持证上岗，并佩戴相应的防护备品，严禁无证上岗或带病作业。

主持人：××（签名）
记录人：××（签名）

【评析】这是一份摘要式会议记录。标题由单位名称、会议名称、文种名称"记录"三要素构成，表述完整而明确。会议组织情况、会议进行情况、尾部三个部分符合记录要求，格式规范。会议进行情况虽是摘要记录，但是发言内容的要点、会议最后形成的决议都能简明扼要地记录下来。记录中对发言者、汇报人不可直呼其名，应以姓氏加职务（职称）代之，如"王××"写作"王总"。会议中如有争议问题，还应该把争议问题的焦点及有关人员的发言争论观点记录下。会议记录是不容更改的原始凭证，因此会议记录结尾要注意签名，表示对该会议记录的负责。

任务实施

一、环境要求

可选择模拟办公室或多媒体教室等场所进行，备好纸、笔，配备计算机、投影仪等设备，最好每名学生配备一台计算机进行上机写作。

二、实施步骤

第一步，通过网络查阅安全生产工作的相关材料。第二步，分组讨论该会议记录写作的内容要点，主要包括会议的组织情况、会议主要内容等。第三步，每人执笔或上机，写作初稿。第四步，不同小组间组员相互修改并签名。第五步，选取学生作品在多媒体上展示，师生共同点评。

巩固提升

小张今年刚做了××公司安全生产部门经理的助理，经理表示最近要召开安全生产专题会议，贯彻落实习近平总书记关于加强安全生产工作的重要指示精神，坚持"三实三严"、一以贯之，加强隐患排查治理，不留死角，防范化解安全风险毫不松懈，对当前安全生产工作进行再强调、再部署、再落实。要小张负责筹备会议，经理提醒小张提前做好功课，会议记录就由他来负责。假设你是小张，请在安全生产专题会议期间，完成会议记录。

任务四　调查报告

学习目标

（1）了解调查报告的含义、特点、分类和作用。

（2）掌握调查报告的结构、写法和写作要求。

（3）能根据任务要求，规范地制作调查报告。

情景任务

小雅回到家乡，想找一个创业项目。经过一段时间的观察，她发现小商品的需求量及价格空间很大。小雅跟学校的创业咨询师进行沟通咨询，了解了创业的流程及条件。她决定先做一个市场调查，掌握第一手资料。假设你是小雅，请你制作一份小商品市场调研报告。

知识链接

一、基础知识

（一）调查报告的含义和特点

1. 调查报告的含义

调查报告是社会生活中的某项工作、某个事件、某个问题，进行深入细致的调查研究，然后把调查研究得来的情况真实地表述出来，以反映问题，揭露矛盾，揭示事物发展的规律，向人们提供经验教训和改进办法，为领导部门提供决策依据，为科学研究和教学部门提供研究资料和社会信息的书面报告。

调查报告是调查研究成果的运载传递工具，是其转化为社会效益，发挥社会作用的桥梁，可为决策和贯彻调整决策提供必要依据。

2. 调查报告的特点

（1）真实性。调查报告是在持有大量现实和历史资料的基础上，用叙述性的语言实事求是地反映某一客观事物。充分了解实情和全面掌握真实可靠的素材是写好调查报告的基础。

（2）针对性。调查报告一般有比较明确的意向，相关的调查取证都是针对和围绕某一综合性或是专题性问题展开的，用来回答现实生活中迫切需要回答的问题并加以解决。所以，调查报告反映的问题集中而有深度。强烈的针对性是调查报告的重要特征，针对性越强,调查报告的作用就越明显。

(3)逻辑性。调查报告离不开确凿的事实,但又不是材料的机械堆砌,而是对核实无误的数据和事实进行严密的逻辑论证,探明事物发展变化的原因,预测事物发展变化的趋势,揭示本质性和规律性的东西,得出科学的结论。

(4)指导性。指导性是指要求调查报告必须表现作者的态度,因此写作方式上要求做到叙述和议论紧密结合。但它的叙述不要求像记叙文那样把整个过程生动形象地表现出来,更不要像文学作品那样塑造人物形象,只要把事实准确、完整、清楚地表述出来即可。它的议论也不要像议论文那样运用概念、判断、推理等逻辑方式来多方论证自己的观点,只需就事实本身得出结论,切忌大发空洞议论。

调查报告常是方针政策制定、方法措施提出的依据和参考,具有引导人们统一思想和认识的作用。因此写作失误,产生的负面影响也很大,所以写作时必须慎之又慎。

(二)调查报告的主要类型

(1)情况调查报告。此类报告是比较系统地反映本地区、本单位基本情况的一种调查报告。这种调查报告是为了弄清情况,供决策者使用。

(2)典型经验调查报告。此类报告是通过分析典型事例,总结工作中出现的新经验,从而指导和推动某方面工作的一种调查报告。

(3)问题调查报告。此类报告是针对某一方面的问题,进行专项调查,澄清事实真相,判明问题的原因和性质,确定造成的危害,并提出解决问题的途径和建议,为问题的最后处理提供依据,也为其他有关方面提供参考和借鉴的一种调查报告。

二、调查报告的结构和写法

调查报告的写作比较灵活,没有统一的模式,一般由标题和正文两部分组成。

(一)标题

调查报告的标题可以有以下两种写法:

一种是规范化的标题格式,即"发文主题+文种",基本格式为"××关于××××的调查报告""关于××的调查报告""××调查"等。

另一种是自由式标题,包括陈述式、提问式和正副题结合式三种:陈述式如《四川师范大学硕士毕业生就业情况调查》;提问式如《为什么大学毕业生择业倾向沿海和京津地区》;正副标题结合式,正题陈述调查报告的主要结论或提出中心问题,副题标明调查的对象、范围、问题,这实际上类似于"发文主题+文种"的规范格式,如《高校发展重在学科建设——××大学学科建设实践思考》等。

一般来说,推荐使用规范化的标题格式或自由式中正副题结合式标题。

(二)正文

正文一般分前言、主体、结尾三部分。

1. 前言

前言起到画龙点睛的作用,要精练概括,直切主题。前言有几种写法:第一种是写明调查的起因或目的、时间和地点、对象或范围、经过与方法,以及人员组成等调查本身的情况,从中引出中心问题或基本结论;第二种是写明调查对象的历史背景、大致发展经过、现实状况、主要成绩、突出问题等基本情况,进而提出中心问题或主要观点;第三种是开门见山,直接概括出调查的结果,如肯定做法、指出问题、提示影响、说明中心内容等。

事故调查报告前言部分主要写明背景信息,包括事故单位的基本情况、事故发生的时间与地点、涉及的人员、职工伤亡事故登记、操作人员及证人、事故应急救援情况等。

2. 主体

主体是调查报告最主要的部分,这部分详述调查研究的基本情况、做法、经验,以及分析调查研究所得材料中得出的各种具体认识、观点和基本结论。主体在写法上有三种类型:一是纵式结构,按调查的先后顺序或按事物发展的过程写;二是横式结构,按调查材料的性质归类,分成几个方面写;三是交错式结构,一般先归类几个问题横向展开,然后每个问题又按时序或过程纵向展开。无论采用何种方法安排结构,都要符合事物内在的逻辑顺序。

事故调查报告主体部分主要写明:事故描述,包括事故发生的顺序、破坏的程度、人员伤亡及经济损失情况、事故的类型、事故的性质、承载物或能量等;事故原因,包括直接原因和间接原因。

3. 结尾

结尾部分要求简洁干脆,言尽即止,写法不拘一格。结尾可以提出解决问题的方法、对策或下一步改进工作的建议;或总结全文的主要观点,进一步深化主题;或提出问题,引发人们的进一步思考;或展望前景,鼓舞群众。当然有的调查报告没有结尾,主体部分写完,全文就自然结束。

事故调查报告结尾部分主要写明:事故教训和预防同类事故重复发生的建议,包括立即采取的措施以及长期的行动规划;对事故责任人的处理建议;事故调查组的成员名单,写明姓名、工作单位、职务并签名;其他需要说明的事项。

三、调查报告的写作要求

(一)要遵循党和国家的方针、政策

调查报告是反映调查研究结果的一种书面报告,要写好它,须具有明确的政策观点,用党和国家的方针政策作为观察、分析问题的准绳,像这样写出的调查报告,才有正确、普遍的指导意义。

(二)要掌握丰富的材料

写好调查报告,须掌握大量的、丰富的写作材料。这既要掌握间接的材料,更应掌握直接的材料;既要了解现状,又要了解历史;既要有一般材料,又要有典型材料;既要有具

体事例,又要有准确数据。在掌握丰富材料的基础上,分析研究,以定取舍。只有在掌握丰富材料的基础上才能发现问题,总结经验,捕捉到规律性的东西,写出实事求是、言之有物的调查报告。

(三)要侧重阐述和说明

调查报告不能以议论为主,因为它不是主要靠逻辑推理来证明问题,而是靠事实来反映客观情况和说明问题的实质。因此,写作手法上要侧重叙述和说明,用事实说话,避免空发议论。但在叙述和说明中,力戒堆砌材料、罗列现象、说明冗长,要用正确的观点统率材料,做到主次分明,详略得当,布局合理。

例文评析

物业管理学校办学情况调查报告

20××年秋季,××物业管理学校招生空前火爆,入学人数很快达到 500 名,已超过学校容量的极限,只好停招,使得众多学生及家长望校兴叹,为迟到一步懊悔不已。在中等专业学校办学普遍不景气的情况下,这所学校却异军突起,这究竟是什么原因呢?

××物业管理学校是一所以物业管理为主干专业的中等职业学校,其前身为××市第三中等专业学校。多年以来,该校一直以工科专业(建筑、采暖、电气安装等)为主。20 世纪 90 年代后期,由于中等职业教育体制的调整,取消统招统分,实行注册入学制度,毕业生一律进入市场,自主择业。这样,中等专业学校曾赖以生存并一度辉煌的计划经济体制"优势"丧失殆尽,除少数专业设置尚属市场急需的学校外,相当部分的中等专业学校办学规模急剧萎缩。××市第三中等专业学校也同样陷入了办学的低谷,一时间学校及教职员工的生存、出路都成了摆在眼前的现实问题。

××市政府及市教育主管部门从市场经济发展对中等职业教育的要求出发,及时给予学校以宽松的政策,允许他们根据市场需求自主、灵活地调整专业设置。政策有了,要生存,要发展,不能再去找市长,而必须去找市场。学校领导班子经过深入的市场调研,决定将物业管理作为学校的主干专业,校名也改为"物业管理学校"。为了抢占市场,扩大知名度,为今后的发展蓄势,学校将校内有关专业向物业管理方面靠拢,利用改名后的两年时间,培养出第一批物业管理中专毕业生,并及时推向市场。20××年4月,学校在省城内一家著名宾馆召开了颇有声势的毕业生就业洽谈会,省市各新闻单位对此密切关注,并纷纷在头版头条予以报道,众多用人单位到会联系接收毕业生事宜,学校提供的 120 名毕业生竟不敷急需,被一抢而空,甚至出现七八家单位争要一名学生的情况。

"酒香也怕巷子深",为进一步扩大知名度,让"物业管理"这块牌子在求学者心目中和市场上叫得更响,学校抓住暑期本市举办国际教育展的大好时机,特设展位,强力推介,彻底摆脱了"养在深闺人未识"的局面,使广大应、往届初中毕业生和家长们进一步了解了"××物业管理学校"及其虎虎有生气的"物业管理专业"。

及时地调整、转向,使××物业管理学校开始走出低谷,前景看好。面对这"柳暗花明又一村"的喜人局面,学校领导班子头脑十分清醒。他们知道,在市场经济条件下,中等职业教育的办学形势,犹如逆水行舟,不进则退。他们坚持进行市场调查,以准确把握物业管理这一服务性行业随科技发展而产生的变化,确立了"办学社会化、管理企业化、教学专业化、人才培养市场化"的宗旨,在专业设置上提出了"选择空白,找准定位,超前育人"的基本办学思路,以面对市场需求:

1.选择人才空白点……

2.找准专业定位,培养技术应用型人才……

3.超前培养人才……

另外,学校又提出了"四满足",来调整培养目标,以面对家长和学生的需求:

1. 满足学生的升学需求……

2. 满足学生的就业需求……

3. 满足学生自主创业的需求……

4. 满足贫困学生的求学需求……

××物业管理学校适应市场需求,迅速走出办学低谷,并注意跟踪科技发展带来的变化,与时俱进,谱写出令人瞩目的新篇章。其发展状况生动说明,市场不是无情物,尽管它有时严酷冷漠,但只要努力研究其规律,不断主动适应其需求,市场就会给予你丰厚的回报。

××××××

××××年××月××日

【评析】本文属于情况调查报告。它是对物业管理学校办学情况进行深入、系统的调查研究后写成的调查报告,目的是供上级机关或有关部门参考,作为贯彻政策、采取措施的依据。报告先反映物业管理学校办学的基本情况及特点,接着讲××市政府及市教育主管部门在学校办学方面做的工作,然后系统梳理了学校为适应市场需求所采取的具体举措。条理清楚,观点鲜明,对有关单位和上级机关决策具有参考价值。

任务实施

一、环境要求

可选择模拟办公室或多媒体教室等场所进行,备好纸、笔,配备计算机、投影仪等设备,最好每名学生配备一台计算机进行上机写作。

二、实施步骤

第一步,通过网络查阅市场调研的相关材料;第二步,分组讨论该调查报告写作的内容要点,主要包括调查目的、调查对象和调查内容、调查研究的方法等;第三步,每人执笔或上机,写作初稿;第四步,不同小组间组员相互修改并签名;第五步,选取学生作品在多媒体上展示,师生共同点评。

巩固提升

根据以下情景撰写一份事故调查报告。

20××年8月4日中午12点左右,××小区一栋楼的电梯突然出现故障,电梯中被困4人,此时又正值中午职工下班和学生回家高峰期,造成电梯内外一片混乱。本小区物业管理公司的物业管理人员张某和李某抓紧时间维修电梯,40分钟后打开电梯,将被困的4人解救出来。被困的4人中的一名业主,跨出电梯后对着张某和李某破口大骂,李某深感委屈也予以反击,一时引得众业主愤慨不已,强烈要求返还物业费。在物业管理公司副总经理吴某的一再道歉下,才平息了业主的怒火。经仔细核查,又调阅了电梯内的录像,发现造成电梯停运故障的主要原因是电梯内的乘客使用拳头大力锤击电梯按钮,造成电梯控制失灵所致。同时物业管理员李某不能冷静对待业主的举动,激化了矛盾。物业公司决定给予李某警告处分,并扣除当月工资。银都花园小区的物业管理工作在小区内张贴了对全体业主的公开信,对电梯故障给业主造成的生活不便表示歉意,同时提醒广大业主爱护公共设施,保障全体业主人身安全。

请你代表该物业管理公司××小区分部,向上级物业管理公司董事会针对上述问题提交问题的报告。

任务五　述职报告

学习目标

（1）了解述职报告的含义、特点、分类和作用。

（2）掌握述职报告的结构、写法和写作要求。

（3）能根据任务要求，规范地写作述职报告。

情景任务

小李是某建筑企业的一名安全员，已经在公司工作 3 年，公司年底考核要进行述职。小李该怎样准备自己的述职报告呢？假设你是小李，请你拟写一份述职报告。

知识链接

一、述职报告的基础知识

（一）述职报告的含义和特点

1.述职报告的含义

述职报告是指各级各类组织的管理人员、专业技术人员等接受有关考核、向有关部门、下属群众陈述自己在一定时期内的任职情况（包括履行岗位职责，完成工作任务中的成绩、经验教训、今后工作设想等）的一种文体。述职报告是一种自我回顾、评估、鉴定的事务性文书。

2.述职报告的特点

（1）个人性。述职报告对自身所负责的组织或者部门在某一阶段的工作进行全面回顾，要从工作实践中总结成绩和经验，找出不足与教训，从而对过去的工作做出正确的结论。与一般报告不一样的是，述职报告特别强调个人性。个人对工作负有职责，自己亲身经历或者调查的材料必须真实。这就要在写作上更多地采用叙述的表达方式，还要据实议事，运用画龙点睛式的议论，提出主题，写明层义。

（2）规律性。述职报告要写事实，但不是把已经发生过的事实简单地罗列在一起。它必须对搜集来的事实、数据、材料等进行认真的归类、整理、分析、研究。通过这一过程，从中找出某种带有普遍性的规律，得出公正的评价议论，即主题和层义以及众多观点（包括经验和规律的思想认识）。

（3）真实性。述职报告是干部考核、评价、晋升的重要依据，述职者一定要实事求是、真实客观地陈述，力求全面、真实、准确地反映述职者在所在岗位职责的情况。对成绩和不足，既不要夸大，也不要缩小。

（二）述职报告的主要类型

1. 从内容上划分

（1）综合性述职报告。指报告内容是一个时期所做工作的全面、综合的反映。

（2）专题性述职报告。指报告内容是对某一方面的工作的专题反映。

（3）单项工作述职报告。指报告内容是对某项具体工作的汇报。这往往是临时性的工作，又是专项性的工作。如果用于直接发布行政法规和对下级某项工作的指示、要求，则带有强制性、指挥性和决策性。

2. 从时间上划分

（1）任期述职报告。指从任现职以来的总体工作进行报告。一般来说，时间较长，涉及面较广，要写出一届任期的情况。

（2）年度述职报告。这是一年一度的述职报告，写本年度的履职情况。

（3）临时性述职报告。指担任某一项临时性的职务，写出其任职情况。

3. 从表达形式上划分

（1）口头述职报告。指需要向固定人群进行述职时用口语化的语言写成的述职报告。

（2）书面述职报告。指向上级领导机关或人事部门报告的书面述职报告。

二、述职报告的结构和写法

（一）标题

述职报告的标题，常见的写法有三种。

（1）文种式标题。只写"述职报告"即可。

（2）公文式标题。"名称+时限+事由+文种名称"，如"××化工公司2014年上半年工作述职报告"。

（3）双行标题。正题写主题，或者写述职报告类型，副题写述职场合，如"继往开来，与时俱进——在××第二届教职工代表大会第四次扩大会议上的述职报告"。

（二）称谓

（1）书面报告的称谓。写主送单位名称，如"董事会""××人事部"等。

（2）口头报告的称谓。写听众的称呼，如"各位领导、代表"等。

(三)正文

述职报告的写法依据报告的场合和对象而定,一般正文包括开头、主体、结尾三部分。

1. 开头

开头又叫引语,一般交代基本情况,用最精练的文字,概括地交代主要情况、时间、地点、背景、事件经过等。

2. 主体

主体是述职报告的中心内容,主要包括成绩、经验、体会或教训、问题、今后打算等。

成绩经验:要分出层次来分析证明主题,这样才能条理分明。层次一般采取横向排列,每一层次都要有一个小的主题,写成层义句。

问题教训:要实实在在,要有条理,不要避重就轻。

今后计划:包括目标、措施、要求三要素,要切实可行。这部分与总结不同,字数可少一些。

3. 结尾

报告结束时要用称谓礼貌用语,如"以上述职报告妥否,请予审议。""谢谢大家!"等。

(四)落款

述职报告的落款要署名和署时。

三、不同类型述职报告的写法

(一)部门述职报告

部门述职报告是指报告内容是某个部门一个时期所做工作的全面、综合的反映。

1. 标题

部门述职报告的标题同于一般应用文种,通常采取"单位名称+时间+述职报告"的形式或是省去时间直接采用"单位名称+述职报告",如"××管理处述职报告"。

2. 称谓

部门述职报告的称谓按照报告的形式分为两种:

(1)书面报告的称谓,写主送单位名称,如"董事会""××人事部"等。

(2)口头报告的称谓,写听众的称呼,如"各位领导、代表"等。

3. 主体

部门述职报告正文由开头、主体和结尾三个部分组成。

(1)开头。开头包括两方面内容:一是基本情况介绍,说明本部门的主要职责,简要交代述职的内容和范围;二是评价,扼要介绍本部门的工作情况。这一部分力求简洁明了。

（2）主体。这是述职报告的核心,主要陈述履行职务的情况,包括三个方面的内容:工作成绩,存在的问题及经验教训,今后工作的努力方向、目标或打算。

（3）结尾。一般要求用格式化的习惯语来结束全文,采用谦逊式结尾、总结归纳式结尾或表决心式结尾等形式。

部门述职报告的落款包括署名、成文或述职时间两种,也可以将署名放在标题之下。

（二）个人述职报告

个人述职报告的标题比较简单,通常直接采用"述职报告"的形式,或者加上日期,如"20××年述职报告"。

称谓和部门述职报告相同。

正文主体部分的内容侧重介绍个人的工作情况,任职期间的任务完成情况,取得的主要工作成绩,存在的问题及经验教训,今后工作的努力方向、目标或打算等。

落款署名写上成文日期或述职日期。

例文评析

职务转正考核述职报告

各位领导、各位同事:

去年5月,我通过竞争上岗走上办公室副主任岗位,主要负责文秘方面的工作。在当时的竞职演讲中,我曾经说过:不管竞职能否成功,作为在办公室岗位工作的一名公务员,我都要努力做到"五勤"、诚心当好"四员"。"五勤"就是眼勤、耳勤、脑勤、手勤、腿勤,"四员"就是为各级领导和地税事业当好参谋员、信息员、宣传员和服务员。一年来,我主要从四个方面实践着自己的诺言,力争做到更高、更强、更优。下面,我就这一年的工作情况向各位领导作个简要汇报,以接受大家评议。

一、努力学习,全面提高自身素质

办公室工作是一个特殊的岗位,它要求永无止境地更新知识和提高素质。为达到这一要求,我十分注重学习提高。一是向书本学。工作之余,我总要利用一切可利用的时间向书本学习,除了认真阅读《中国税务报》《中国税务》《税务研究》等报纸杂志外,我还经常自费购买一些工作需要的参考书。如去年省局在我们这里召开精神文明研讨会时,为了高质量地完成会议材料,我自费到书店买了一百多元钱的书。通过博采众长,我撰写的会议材料得到与会专家学者的一致好评。二是向领导学。在办公室工作,与领导接触的机会比较多。一年来,我亲身感受了市局各位领导的人格魅力、领导风范和工作艺术,使我受益匪浅,收获甚丰。三是向同事学。古人说,三人行必有我师。我觉得,市局机关的每位同事都是我的老师,他们中有业务专家,有科技尖兵,有文字高手。正是不断地虚心向他们求教,我自身的素质和能力才得以不断提高,工作才能基本胜任。在市局机关工作一年多,我个人无论是在敬业精神、思想境界,还是在业务素质、工作能力上都有了很大的进步,工作业绩也得到了领导的肯定,年底被评为优秀公务员和先进工作者。

二、加强修养,时刻注意自我约束

在办公室工作,与上下左右及社会各界联系非常广泛,我始终牢记自己是地税局的一员,是领导身边的一兵,言行举止都注重约束自己。对上级机关和各级领导,做到谦虚谨慎,尊重服从;对基层对同事,做到严于律己,宽以待人;对社会对外界,做到坦荡处事,自重自爱。一句话,努力做到对上不轻慢,对下不张狂,对外不卑不亢,注意用自己的一言一行,维护市局机关和各级领导的威信,维护地税部门的整体形象。

三、勤奋工作，回报领导和同事的关爱

我从基层调入市局工作以来，市局领导和机关的同志们给了我许多政治上的关心、工作上的帮助和生活上的关怀。我珍惜这份来之不易的工作，珍惜这良好的工作环境，同时，也被市局领导和机关全体同志的敬业精神深深感动。一年来，对领导安排的所有工作，我不讲任何客观理由和条件，总是努力完成。据自己粗略统计，全年撰写各类文字材料近200篇累计90余万字，平均每天近3 000字，地市级以上各类媒体采用32篇。虽然常常感到身心疲惫，头发也白了许多，但我的心情始终是舒畅的。每当我的工作得到领导和同志们的认可，每当看到自己的努力为我市地税事业发展起了一些作用时，成就感、自豪感是语言也无法表达的。古人说，四十而不惑。年近四十的我对人生、对事业也有了自己的感悟。工作不仅是我谋生的手段，更是我回报国家和社会的最好方式，也是一个人实现人生价值的重要选择。

四、尽心履职，全心全意当好配角

作为办公室领导的副手，我的理解，没有什么谋求利益和享受待遇的权力，只有承担责任、带头工作的义务。在平时的工作中，对领导交办的工作，不讨价还价，保质保量完成；对自己分内的工作也能积极对待，努力完成，做到既不越位，又要到位，更不失职。在同办公室其他几位同志的工作协调上，做到真诚相待，互帮互学。一年来，办公室的工作得到了领导和同志们的认可，这是我们团结奋斗、共同努力的结果，从本人所处的角色看，可以说总体上是称职的。

总而言之，总结一年来的工作，我可以问心无愧地说：自己尽了心，努了力，流了汗。不管这次述职能否通过，我都将一如既往地做事，一如既往地为人，也希望领导和同志们一如既往地待我！

述职人：××

20××年6月25日

【评析】标题采用单标题式，一目了然。这个"开头语"很精彩，一开始就用高度凝练的语言，生动形象的比喻，把述职的主题和观点亮出来，具有鲜明的个性，让听众明白，接着进入述职主体部分。此种形式是开门见山，揭示题旨。主体部分，作者用四个标题、四个段落、四个方面对这些内容进行精心筛选，巧妙归纳，理性概括。思路上紧扣主题、开宗明义，叙述上内容翔实、深入浅出，条理上序码排列、分门别类，是述职报告经常使用的一种写法。把自己的工作与领导和同事关爱紧密联系，具有很强的鼓动性，极易调动听众感情。谈内心感受，进一步以情动人。结尾部分运用"总结式"和"呼吁式"的写法，对本文所讲的内容进行简洁的归纳和总结，鼓励听众贴近、支持述职者。这种形式干净利索，极富人情味和鼓动性。

任务实施

一、环境要求

可选择模拟办公室或多媒体教室等场所进行，备好纸、笔，配备计算机、投影仪等设备，最好每名学生配备一台计算机进行上机写作。

二、实施步骤

第一步,通过网络查阅安全生产工作的相关材料;第二步,分组讨论该述职报告写作的内容要点,主要包括工作业绩、反思、评价等;第三步,每人执笔或上机,写作初稿;第四步,不同小组间组员相互修改并签名;第五步,选取学生作品在多媒体上展示,师生共同点评。

巩固提升

请联系一位本专业的学长,请教他所在岗位的工作内容、岗位职责、工作成效等,请你以学长的名义拟写一篇述职报告。

任务六　总　结

学习目标

(1)了解总结的含义、特点、分类和作用。

(2)掌握总结的结构、写法和写作要求。

(3)能根据任务要求,规范地拟写总结。

情景任务

如果你是某建筑公司的一名安全员,已到该公司工作3个月,即将通过试用期,这时需要你对过去3个月的工作做总结回顾。请你按照要求拟写一篇个人工作总结,便于公司考察你3个月来的工作情况。

知识链接

一、总结的基础知识

(一)总结的含义和特点

1. 总结的含义

总结是单位、部门或个人对过去一段时间内,所做过的或者完成的某项任务进行总检查、总分析、总研究、总评价而写成的一种事务性文书。总结是一种回顾反思性文书,它本身并不具有行政约束力,但具有指导工作的作用。

2. 总结的特点

(1)回顾性。总结是对过去实践的回顾与概括,尊重客观是它的出发点。

(2)客观性。总结要运用唯物辩证法的观点,一分为二地看待已经做过的事情,既要肯定成绩和优点,也要正视缺点和问题。同时对成绩的评价要实事求是,不言过其实,不弄虚作假;对问题的反映要客观实在。

(3)事实性。包含两层含义:一方面,撰写总结所引述的事例、数据、单位和部门、时间、人物等是现实生活中确有的;另一方面,写总结时从事实中反映的认识是真话、实话。

(4)概括性。写总结不能纯粹表述事实,不能罗列现象,而是要对材料作必要的分析和研究,从中得出规律性的认识。

(5)指导性。总结的最终目的是提高认识,把握规律,使今后的工作扬长避短,做得更好。

（二）总结的主要类型

总结是对已经完成的某项任务、工作进行检查、分析、评判，用书面文字从理论认识的高度概括经验和教训，用以指导今后工作的一种文书。总结的种类很多，按照不同的标准可以分为许多类型。

（1）按时期分，主要分为年度总结、季度总结、月份总结等。

（2）按性质分，主要分为综合性总结、专题性总结等。

（3）按内容分，主要分为学习总结、思想总结、工作总结、财务总结、安全总结等。

二、总结的结构和写法

（一）全面总结

全面总结，又称综合性总结，是对一个地方、一个单位的各方面的工作情况，包括成绩和经验、缺点和教训等进行全面的总结。但是，全面总结也要突出重点，不能面面俱到。内容包括标题、正文、发文机关署名与成文日期。

1. 标题

标题的写法主要有两种形式。

（1）公文式标题。公文式标题由单位名称、时间、事由、文种组成，如"×××化工公司2014年保安工作总结"，有的只写"工作总结"等。

（2）非公文式标题。一种是新闻标题式，如"改制创新，不断开拓物业管理市场——物业管理公司改制工作总结"，此种要注意虚题与实题的搭配；一种是论文标题，如"从改变行风做起，加强本系统职工队伍思想政治工作"，主题明确、思路清晰，多用于专题总结，尤其是经验性总结。

2. 正文

总结的正文一般由开头、主体两个部分组成，有的还有结尾部分。

（1）开头。又称前言或导语，一般概述基本情况和总结的缘由，交代总结所涉及的时间、地点、单位和背景，概述主要成绩等。然后以"特作如下总结"承上启下。

（2）主体。是正文的重点，有多种写作方法和结构形式。内容包括基本情况、主要成绩、主要经验和体会、存在的主要问题，对今后工作的打算及努力方向等。

这是总结的主要部分，内容包括成绩和做法、经验和教训、今后打算等方面。这部分篇幅大、内容多，要特别注意层次分明、条理清楚。

主体部分常见的结构形态有以下三种：

第一，纵式结构。就是按照事物或实践活动的过程安排内容。写作时，把总结所包括的时间划分为几个阶段，按时间顺序分别叙述每个阶段的成绩、做法、经验、体会。这种写法的好处是事物发展或社会活动的全过程清楚明白。

第二，横式结构。按事实性质和规律的不同分门别类地依次展开内容，使各层之间呈现相互并列的态势。这种写法的优点是各层次的内容鲜明集中。

第三,纵横式结构。安排内容时,既考虑时间的先后顺序,体现事物的发展过程,又注意内容的逻辑联系,从几个方面总结经验教训。这种写法,多数是先采用纵式结构,写事物发展的各个阶段的情况或问题,然后用横式结构总结经验或教训。

主体部分的外部形式,有贯通式、小标题式、序数式三种情况:

贯通式适用于篇幅短小、内容单纯的总结。它像一篇短文,全文之中不用外部标识来显现层次。

小标题式将主体部分分为若干层次,每层加一个概括核心内容的小标题,重心突出,条理清楚。

序数式也将主体分为若干层次,各层用"一、二、三……"的序号排列,层次一目了然。

3. 署名和日期

如果标题中已有署名,这里可不再写。

(二)专题总结

专题总结又叫经验总结,是对某一项或某一方面工作经验进行专项总结。专题总结的内容比较集中,针对性、思想性和理论性较强,对相关单位的工作具有较大的指导和借鉴作用。

专题总结既可以第一人称撰写,也可以第三人称撰写。内容一般包括标题、署名与成文日期、正文。

1. 标题

专题总结的标题,侧重于经验总结,主要有两种形式:

(1)以总结的主题做标题。这种标题以精练的文字概括全文,集中反映总结的内容和特点,深刻地揭示总结的中心思想。

(2)采取新闻方式的标题,有时间、引题、正题、副题,适用于第三人称撰写。

2. 正文

正文由开头、主体两大部分组成:

(1)开头。交代总结所涉及的时间、地点、单位、范围和基本经验,点明中心思想和主要成绩等。表达方式主要有结论式,即先做出结论,点明经验的核心,然后再论证;提问式,即先提出问题,点明经验总结的重点,然后再回答问题;对比式,即采用对比的方法,将工作中的主要情况进行对比,分出优劣,显示标题,为下文总结经验提供依据。

(2)主体。是经验总结的核心。按逻辑关系或时间顺序,将总结的内容分成若干部分,用小标题分项撰写。小标题既可是经验,也可是成绩、做法。

3. 结尾

结尾包括署名与成文日期两部分。

(三)个人总结

个人总结是对个人的工作、学习和政治思想方面的情况进行总结,既有全面的总结,也有专题的、某一个方面的总结。

个人总结的结构和写法与前面的全面总结、经验总结大体相同。在撰写个人总结的时候,应注意:

第一,要明确总结的目的、要求:是要进行全面的总结,还是单项的总结;是以总结成绩为主,还是以查找问题为主。

第二,根据总结的目的和要求,确定不同的写作方法。个人的全面总结、专题总结与单位的全面总结、专题总结的写作方法和要求基本相同,只是个人署名和成文日期在正文之后。

第三,注意总结的结构和布局,可分段写,也可分项写,做到布局合理,结构严谨,层次分明,表述准确、恰当。要抓住主要问题,突出工作成绩和经验或思想上的收获和体会。对于失败的教训和存在的问题要抓准,实事求是,切不可透过、只讲成绩不讲缺点或只讲缺点不讲成绩。

三、工作总结写作要点

(一)重视调查研究,熟悉情况

总结的对象是过去做过的工作或完成的某项任务,进行总结时,要通过调查研究,努力掌握全面情况和了解整个工作过程,只有这样,才能进行全面总结,避免以偏概全。

(二)热爱本职工作,熟悉业务

热爱本职工作,事业心强,是做好工作的前提,也是搞好总结的基础。写总结涉及本职业务,如果对业务不熟悉,就难免言不及义。

(三)坚持实事求是的原则

总结是对以往工作的评价,必须坚持实事求是的原则,就像陈云同志所强调的,"是成绩就写成绩,是错误就写错误;是大错误就写大错误,是小错误就写小错误"。这样才能有益于现在,有益于将来。夸大成绩,报喜不报忧,违反总结的目的,是应该摒弃的。

(四)重点在得出经验,找规律

总结的最终目的是得出经验,吸取教训,找出做好工作的规律。因此,总结不能停留在表面现象的认识和客观事例的罗列上,必须从实践中归纳出规律性的结论来。

此外,还必须注意工作总结写作结构要遵循的三原则:全面、紧凑和精练。

例文评析

年度工作总结

吴某某

20××年,我在××区税务局××税务所担任税务专管员工作,主要负责所辖12户集体企业的税收征收管理工作。现将一年来的主要情况总结如下:

一、主要工作和成绩

1.一年来,我利用业余时间,结合工作实际,系统地学习了国家规定的有关税收法规、征收管理制度及工业会计、商业会计等知识,使自己依法办税的能力有了较快较大的提高。目前,我已能熟练、准确地对企业进行纳税辅导,审核企业申报的"纳税鉴定申报表""纳税申报表"等,正确指导和帮助企业执行和改造各项税收管理制度。针对部分企业办税员由于办税水平低、填报"纳税申报表"问题较多的情况,我专门对这些办税员进行了填写"纳税申报表"的辅导。因此,我个人的业务水平有了较大提高,在10月份区税务局组织的税收专管员业务竞赛中,我获得二等奖。

2.严格要求自己,热情为企业排忧解难,维护国家税收人员的形象。常主动向企业提一些合理化建议,有的被企业采纳,并取得了一定的经济效益。

3.与所里其他同志团结协作,主动帮助其他同志做好工作,受到所里同志们的好评。(略)

二、几点体会

1.税收工作是一项政策性非常强的工作,要做好这项工作,做到依法纳税,今后必须更加努力学习税法和有关的税收政策及其他经济政策。

2.税收工作直接涉及纳税双方的利益,是一项非常敏感的工作。作为税收人员,既要依法办税,又要处理好与纳税人的关系,必须努力提高征管艺术,这将是我今后努力钻研的问题。

3.税收的法制化、规范化管理,是通过特定的税务文书实现的。按税收法规规定程序,熟练准确地制作各种税务文书,是依法办税的重要手段。我今后应努力提高税务文书的制作水平。

20××年××月××日

【评析】这篇总结的结构有条不紊,脉络分明。正文由前言和主体两部分构成,主体部分采用了两部式的结构形式:第一部分写一年来所做的主要工作和成绩,共写了三个方面的内容,每个方面都先用小标题揭示主旨,然后具体展开;第二部分写存在的问题及其体会。这篇总结在写作方法上还有两点也值得借鉴:一是充分占有材料,选材典型;二是叙议结合,做到观点与材料的有机统一。

任务实施

一、环境要求

可选择模拟办公室或多媒体教室等场所进行,备好纸、笔,配备计算机、投影仪等设备,最好每名学生配备一台计算机进行上机写作。

二、实施步骤

第一步,通过网络查阅建筑安全员工作内容的相关材料。第二步,分组讨论该总结的内容要点,主要包括做法、成绩与经验等。第三步,每人执笔或上机,写作初稿。第四步,不同小组间组员相互修改并签名。第五步,选取学生作品在多媒体上展示,师生共同点评。

巩固提升

假如你是一名安全生产管理员,年终考核的时候要对一年的工作进行回顾,请思考该使用什么文种来写?

模块三　安全生产责任管理文书

📖 模块要点

本模块由安全生产责任书、安全生产管理合同、委托书、承诺书、安全技术交底六个常用安全生产责任管理文书任务构成。通过任务训练,旨在使学生了解安全生产责任书,安全生产管理合同,委托书,承诺书,安全技术交底的含义、特点与作用,掌握其写作格式、结构与要求,能够结合实际任务撰写常用的安全生产责任管理文书。培养学生责任意识、规范意识,逐步养成严谨、细致的工作习惯。

🔔 重点

安全生产责任书、安全生产管理合同、委托书等安全生产责任管理文书的结构和写法。

🔔 难点

根据材料,安全生产责任书、安全生产管理合同、委托书等安全生产责任管理文书的撰写和签订。

任务一　安全生产责任书

学习目标

(1)了解安全生产责任书的含义、特点、分类和作用。

(2)掌握安全生产责任书的结构、写法和写作要求。

(3)能根据任务要求,规范地拟写和签订安全生产责任书。

情景任务

××建筑公司开工建设××项目,成立××项目经理部。根据施工合同和经营管理目标的要求,××建筑公司决定明确项目经理部应达到的成本、质量、进度和安全等控制目标,与项目经理部签订《项目管理目标责任书》。

假如你是××建筑公司的文案人员,请拟写《项目管理目标责任书》。

知识链接

一、基础知识

(一)安全生产责任书的含义与作用

安全生产责任书是安全生产相关的各部门或单位为明确各自安全生产的责任范围、职责而进行书面规范的一种文书。

签订安全生产责任书是安全管理必不可少的一个环节。它有利于加强对安全生产的领导与监控,能促使生产单位严格执行安全生产各项规章制度,切实搞好劳动保护工作,同时能提高全体生产员工的自我保护意识。在一定时期和区域内,安全生产责任书能杜绝事故和违章现象的发生,落实安全生产行政责任,强化安全生产目标管理,力争完成某一时期内各项安全生产目标任务及分解指标。

(二)安全生产责任书的适用范围

(1)安全生产责任书主要适用于有所属管理体制的上下级单位之间,主管部门与下属部门之间,总公司与分公司之间,总厂与分厂、分厂与分厂之间等。

(2)安全生产责任书单位或企业对外来提供劳务或生产经营活动的其他经营单位、团体和组织等进行安全生产管理,服从和必须履行单位、企业范围内制定的相关安全生产规章制度。

二、安全生产责任书的结构和写法

安全生产责任书一般由标题、正文、署名和日期三部分组成。

(一)标题

安全生产责任书的标题有三种写法:一是直接写"安全生产责任书";二是在"安全生产责任书"前加上单位名称;三是单位名称加时限,再加"安全生产责任书"。

(二)正文

正文由前言、主体和结尾三部分组成。

前言一般交代制定"安全生产责任书"的目的和依据,常用句式为"为了实现……目标""根据……决定或规章制度"等。

主体一般采用条款式,一条一条列出制定的具体责任内容。

结尾一般说明责任书的份数。有些责任书可省略此内容。

(三)署名和日期

责任双方分别署名,写明单位全称(加盖公章)和责任人;署名后写明签订责任书的日期。

三、写作注意事项

切忌千篇一律。如果安全生产目标责任书每年都一样,没有突出每年的工作重点和工作特点,形成了安全生产目标责任书千篇一律,千人一面,则没有针对性,更没有可操作性,与实际工作严重脱节,不能发挥安全生产目标责任的约束作用。这样的安全生产目标责任书即使签了,也没有很强的约束性,因此,在制定安全生产目标责任书的内容时,要结合各行业、各系统、各部门的实际制定,不能照搬照抄。应从各行业、各系统、各部门的实际出发,结合各单位的性质和工作特点分类制定,制定出针对性强的安全生产目标责任书。

切忌内容空洞。安全生产目标责任书的内容是否具体、量化,是否切合工作实际,对推动安全生产工作有着非常重要的作用。在制定责任书时,切忌内容空洞,没有什么实质性内容,禁止使用大话套话,能量化要尽量量化,能具体的要尽量具体,能细化的要尽量细化,内容尽可能地数字化、具体化,具有可操作性,便于监督、落实、考核。

切忌形同虚设。签订责任书是为了明确责任,落实安全生产工作,使工作有目标,行动有指南,肩上有担子,有利于工作落实,起到监督、警示、鞭策、督促的作用。在实际中要注意切忌形同虚签、走过场,不能签完了就万事大吉,束之高阁,明镜高悬。执行单位不按照责任书的内容履行责任,没有认真地抓好落实;上级单位作为监督部门也没有履行监督责任,没有及时跟上检查、督促,把责任书放在一边,成为签在纸上、挂在嘴上的一页空文,使责任书失去了签订的意义。

　　切忌一签了之。签订了安全生产目标责任书,是促进工作的一种手段,但是,签订了安全生产目标责任书,并不意味着安全生产工作就落实了,安全就有保障了。责任书不仅要签在纸上,更要签在心中,落实在工作中,切莫一签了之,切忌签完后,无人执行,无人落实,无人对照检查落实,使安全生产目标责任书仅仅停留在会上、纸上、嘴上,成了一件可有可无的"装饰品"。在安全目标责任书签订后,要根据安全生产目标责任书上的内容和要求,逐项逐条地抓好督促落实,严格考核兑现,维护安全生产目标责任书的严肃性、权威性,将安全生产目标责任书的内容和要求落到实处。

例文评析

施工安全生产责任书

　　××商业公司(以下简称甲方)

　　××装饰公司(以下简称乙方)

　　乙方从××××年××月××日起承担大厦内工程项目。根据《中华人民共和国安全生产法》《中华人民共和国消防法》《××省安全生产条例》《××省建筑消防管理规则》等规定,双方签订《施工安全责任书》,请履行责任并切实执行。

　　一、乙方在施工期内未经甲方同意,不准擅自打开窗户进行作业。乙方在施工期内需要动火作业,必须先到大厦管理处填写《临时动火申请表》并加具意见后办理《临时动火许可证》方可动火。乙方只能在大厦批准的地方按有关要求严格进行动火作业,未办理《临时动火许可证》不得进行动火作业。

　　二、乙方施工人员禁止携带打火机及火柴、香烟等物品进入施工现场。施工现场严禁吸烟及焚烧任何杂物,杜绝火种出现。

　　三、乙方施工人员不得以任何借口在施工范围内过夜(经管理处批准的值班人员除外)。

　　四、乙方不得将易燃易爆危险物品带入大厦,属施工原料、溶剂,如天那水、酒精等易燃易爆材料,只能按一天的用量进入大厦,并须经大厦管理处审批和登记,在指定的地方存放。乙方要制定严格的管理制度,设专人管理,严格领用手续,每天用剩溶剂,必须放回指定的存放地点。

　　五、乙方施工用电,必须向甲方报告用电负荷,按甲方指定地方接取电源安装电表及漏保开关,并必须符合××市用电安全操作规程。照明灯具不得使用超过 100 瓦的灯泡。行灯的灯泡要有护罩。

　　六、乙方施工人员绝不允许私自挪用大厦的设备或材料。

　　七、乙方应教育施工人员遵纪守法,遵守大厦治安、防火及各项有关规章制度。甲方一旦把施工场地交付乙方,乙方应承担该地段的防火、治安、防盗责任,共同落实大厦的安全防火责任制。

　　八、乙方应教育施工人员爱护大厦财物,如有损坏应无偿修复或照价赔偿。

　　九、乙方在施工现场要有指定的安全防火责任人,现场安全防火责任人负责施工现场的安全防火检查工作,不同工种要分别指定安全防火员,负责该工种的安全防火工作。现场安全防火责任人不在场不得施工。

　　十、施工现场每天作业完毕必须进行现场清洁,杂物废料必须每天清出大厦。

　　十一、乙方必须在施工现场按国家规定配置灭火器材,灭火器不配齐不得开工。

　　十二、乙方每个施工人员进入大厦施工之前,须经安全教育培训,未经培训不得上岗。

　　十三、乙方必须按大厦规定施工时间作业,如需超时作业,要报告甲方管理处,经批准方可进行作业。

十四、乙方对施工现场原有的消防设施及设备未经批准不许乱动,如有损坏应照价赔偿。

十五、乙方因严重违反上述规定,被甲方责令停工整改,而造成工期的延误,由乙方负责。

十六、乙方因违反国家和地方有关安全生产和消防等法律法规而造成的事故,应承担相应的经济赔偿和法律责任。

甲方单位:	乙方单位:
负责人:	责任人:
签署	签署
日期: 　年 月 日	日期: 　年 月 日

【评析】该安全生产责任书结构完整,写法规范。前言交代制定依据,主体内容逐条列出;从内容看双方责任、义务明确清晰,不易产生纠纷。

任务实施

一、环境要求

可选择模拟办公室或多媒体教室等场所进行,备好纸、笔,配备计算机、投影仪等设备,最好每名学生配备一台计算机进行上机写作。

二、实施步骤

第一步,通过网络查阅安全生产责任书的相关材料;第二步,分组讨论该安全生产责任书写作的内容要点,主要包括成本、质量、进度和安全等控制目标等;第三步,每人执笔或上机,写作初稿;第四步,不同小组间组员相互修改并签名;第五步,选取学生作品在多媒体上展示,师生共同点评。

巩固提升

请对以下案例进行分析,指出存在的问题。

安全责任书

按照"分级管理""一岗双责"的原则,镇安监所特与各学校签订学校安全工作目标责任书:

一、各学校、幼儿园要成立安全工作领导小组,实行领导干部安全责任制。建立学校、幼儿园安全工作领导责任追究制。按照《中小学校、幼儿园安全工作制度》,抓好本单位安全"责任制""追究制"的落实,特别要认真落实学校幼儿园安全保卫 24 小时巡查制度,进出校门检查制度,"接送卡"交接制度。确保学校安全万无一失。

二、学校、幼儿园实行封闭式管理:

1. 学校门卫工作是维护学校良好的教学秩序、保障学校安全的重要工作之一,门卫实行24小时值班;门卫人员在值勤期间必须坚守岗位,不准擅离职守,脱管失控;门卫人员要衣着整洁,仪表端庄,说话和气,讲究文明。门卫人员必须时刻提高警惕,严防不法分子混入学校进行犯罪活动,上课期间学校大门要处于关闭落锁状态,当有人因工作需要进出学校时,门卫人员要及时开启和关闭。对到校办事的外来人员实行电话联系并进行登记,否则不准进入校内。

　　……

　　三、各学校、幼儿园要严格落实安全责任,做到责任不脱节,工作无漏洞。切实把工作做细、做实,严防危害学生的事故发生。

　　四、建立健全学校、幼儿园安全预案,加强安全隐患排查。对发现的突出问题应迅速落实整改措施,彻底消除隐患。加强学校安全档案资料的建设,确保学校安全工作有计划、有记录、有检查、有总结。

　　五、立即对学生进行安全教育,提高广大学生的法治意识、防范意识和自我保护能力。加强交通安全教育,防溺水教育,防雷、电教育,食品安全教育,传染病预防教育,防自然灾害教育,防突发事件教育,防物品、药品安全教育等。及时与家长和相关部门取得联系,杜绝学生进网吧现象发生。

　　六、按照《消防法》的要求,定期检查学校的消防设施,学校的消防设施要经公安消防部门认定,对不符合要求的要立即采取措施保证合格。要保障教学通道的畅通和照明,对容易引起火灾的部位和易燃易爆的物品要加强管理。要采取多种形式对学生进行防火安全用电教育,增强自防自救的能力。

　　七、要加强校舍的建设和维护管理,加固学校内各种设施,坚决杜绝校舍倒塌和学校设施不牢固而造成伤亡事故的发生。

　　八、加强校内、校外(包括假期、周末、午休、正常上课作息时间之外等所有时间)活动管理,确保师生生命安全。明确家长、学校责任,确保学生不出现安全管理真空,学校要与家长签订安全管理责任书。学校组织学生集体外出参加社会实践等活动,要把各个环节的安全工作措施落实到位。严格执行学生集体外出审批制度。

　　九、认真贯彻《食品卫生法》和《学校体育卫生工作条例》,加强学校卫生工作和学校食堂卫生管理。不得以预防和保健名义自行组织学生集体服用药品和保健品,防止学生食物中毒和药物中毒。

　　十、加强对学校安全工作考核,按照××字〔2003〕××号《关于对学校安全工作进行年度考核的通知》精神,认真对学校安全工作进行考核,并把此项工作纳入学校量化管理的重要内容,学校、幼儿园安全工作实行"一票否决"制。

　　十一、凡组织学生外出,不准乘坐"三无"(无证、无技术参数、无安全措施)的不安全车辆、船只。

　　十二、一旦发生安全事故,在第一时间及时报镇安监所,逐级上报,及时采取措施。

任务二　安全生产管理合同

学习目标

（1）了解安全生产管理合同的含义、特点、分类和作用。

（2）掌握安全生产管理合同的结构、写法和写作要求。

（3）能根据任务要求，规范地拟写和签订安全生产管理合同。

情景任务

××市××房地产公司决定将位于××市××路××号××楼共 10 000 平方米的房屋（属混凝土结构，防火等级为 B1 级）出租给××市塑料生产公司。为对承租单位的安全生产、消防安全、特种设备安全管理等进行监督检查，同时便于同一厂区多家承租单位的安全管理工作统一协调，出租单位××市××房地产公司决定与承租单位××市塑料生产公司签订一份安全生产管理合同。

假如你是该公司的文案工作人员，请你拟写这份《安全生产管理合同》。

知识链接

一、基础知识

（一）含义和作用

合同也称合同书，有时又称协议或协议书。安全生产管理合同是当事人双方或多方为共同达到和实现安全生产的目的，在遵守国家法律和政策及平等互利、自愿的原则下，确定双方或多方的安全生产权利和义务关系，彼此协商一致而形成共同遵守的文书。

合同是一种具有法律性质的应用文书。一旦确立，就对当事人各方产生了法律的约束力，签约各方的权利或义务就受到了国家法律的保护和监督。任何一方如不履行合同，都要承担由此引起的法律后果。安全生产管理合同主要是明确甲、乙双方在生产过程各环节中的安全管理职责、权利和义务，促进安全生产各项规章制度的全面落实，减少安全生产事故的发生。

（二）适用范围

安全生产管理合同主要适用于以公开招标、投标形式产生的业主与中标单位之间按一定合同管理的甲、乙双方在安全生产管理上的责、权、利的关系。

（三）合同的特点

（1）合法性。当事人订立合同是为了是实现一定的生产经营目的或完成一定的工作任务。合同是社会组织之间明确权利与义务关系的协议，必须依法生效；否则，即使是当事人双方协商一致的合同，仍然没有法律效力。

（2）规范性。规范性具有两层含义：一是指依法成立的合同对双方当事人均具有法律效力；二是指当事人双方订立的合同从形式到内容都是合乎规范的。合同的规范性能确保合同当事人双方的合法权益落到实处。

（3）一致性。合同是双方或多方的法律行为，体现当事人一致的意见。合同的成立必须具有两个或两个以上的当事人作出意思表达，且意思真实、一致，违背了某一方当事人意志的合同条款都不具有法律效力。

二、安全生产管理合同的结构和写法

安全生产管理合同一般由标题、当事人名称或姓名、正文、署名和日期四部分组成。

（一）标题

标题写在第一行中间，要表明合同的性质或范围，它一般由"事由"和"文种"两个要素构成，如《建筑安全生产管理合同》《安全生产管理协议》等。

（二）当事人名称或姓名

合同当事人是指签订合同的双方或多方的名称或姓名。要准确写出签约单位或个人的全称、全名，并在后面注明双方约定的固定指代，如一般写"甲方""乙方"，若有第三方则写"丙方"，或依合同内容写"借方""贷方""承租方""出租方""卖方""买方"等。

（三）正文

1. 前言

写明订立合同的缘由，包括目的、依据，应简明扼要。常用的表达句式为"为了……"或"根据……"。

2. 主体

主体是合同的主要部分，多采用条文表述法。其内容包括：

（1）标的。标的是合同当事人权利与义务所共同指向的对象，是合同的基本条款。它可以是实物、货币、劳务、智力成果等。合同双方当事人对标的要协商一致，写得明确、具体。

（2）合同双方的权利、义务与责任。以条款方式详细列出当事人双方各自的权利、义务与责任，这是安全生产管理合同不可缺少的内容，且一定要明确，否则容易造成矛盾与纠纷。

3. 结尾

合同结尾一般包括两个方面：一是合同的有效期限和文本保存；二是落款（当事人的

名称、签章、法定通信地址、法人代表、银行账号、签约地点、日期等）。

（四）署名和日期

安全生产管理合同的署名一般包括两部分：一是签订合同单位，均用单位全称，并加盖公章；二是代单位签订合同的人，有时是法人，有时是代理人。署名后，一般还要写明单位所在地址和联系方式，以便双方进行咨询与交流。

署名后直接写明签订合同日期。

三、安全管理合同写作注意事项

合同的写作注意事项：在合同的签订中，必须注意以下几点：

（一）熟悉有关法律法规和方针、政策

合同具有合法性，首先是指合同内容与有关法律法规的内容相切合，而合同的签订者熟悉有关法律法规，正是使合同内容具有合法性的首要前提。同时，合同能够依法生效，还要以不扰乱社会经济秩序、不损害国家利益和社会公共利益为条件。而党和国家的方针、政策正是维护社会经济秩序、维护国家利益和社会公共利益的有力保证，因此，对有关方针、政策的精神，合同的签订者也必须深入领会。

（二）精通业务，了解情况

签订合同是一项专业性极强的业务活动，熟悉业务，对生产、经营及市场情况有全面的了解，才能掌握合同谈判的主动权，确保自己的利益不受侵犯。

（三）在平等协商、取得一致意见的基础上确定各项条款

合同内容应当是当事人意愿的真实体现，采取欺诈、胁迫等手段所签订的合同，将被视作无效合同。在签订合同时，当事人应当真诚坦白；在履行合同时，应当讲求信用。任何隐瞒真相或者背离约定的做法，都是违背合同的诚信原则的。

（四）认真书写，并不得随意涂抹

书写合同必须严肃认真，书写工具不合乎要求或字迹潦草，随意涂抹，会给合同的保存和履行带来不便，因而是不被允许的。书写合同可用钢笔、签字笔或毛笔，随着办公自动化程度的提高，目前，合同基本是打印而成的。无论采用哪种方式制作合同，都应当做到字迹清楚，文面整洁。如果发现合同有误或需修订，应将当事人双方协商并同意的修改意见作为附件附上。如果确需在原件上修改，则应当在修改处加盖当事人双方的印章。为防止伪造条款或添减页数，可在一式几份的合同上做相同的标记，如在骑缝处加盖印章，编排页码等。

例文评析

安全生产管理合同

为了在施工合同的实施过程中创造"安全、高效"的施工环境,切实搞好本项目的安全管理工作,本项目业主(全称)(以下简称甲方)与承包人(全称)(以下简称乙方)特此签订安全生产管理合同。

一、甲方职责

1. 严格遵守国家有关安全生产的法律、法规,认真执行工程承包合同中的有关安全要求。

2. 按照"安全第一、预防为主、综合治理"和坚持"管生产必须管安全"的原则进行安全生产管理,做到生产与安全工作同时计划、布置、检查、总结和评比。

3. 重要的安全设施必须坚持与主体工程"三同时"的原则,即同时设计、审批,同时施工,同时验收、投入使用。

4. 定期召开安全生产调度会,及时传达中央及地方有关安全生产的精神。

5. 组织对乙方施工现场进行安全生产检查,监督乙方及时处理各种安全隐患。

二、乙方职责

1. 严格遵守国家有关安全生产的法律、法规,交通运输部颁发的《公路工程施工安全技术规范》(JTG F90—2015)和《公路筑养路机械操作规程》(JZ 0030—1995)有关安全生产的规定,认真执行工程承包合同中的有关安全要求。

2. 坚持"安全第一、预防为主、综合治理"和"管生产必须管安全"的原则,加强安全生产宣传教育,增强全员安全生产意识,建立、健全各项安全生产的管理机制和安全生产管理制度,配备专职及兼职安全检查人员,有组织地开展安全生产活动。各级领导、工程技术人员、生产管理人员和具体操作人员,必须熟悉和遵守本条款的各项规定,做到生产与安全工作同时计划、布置、检查、总结和评比。

3. 建立、健全安全生产责任制。从项目经理到生产工人(包括临时雇用的民工)的安全生产管理系统必须做到纵向到底,一环不漏;各职能部门人员的安全生产责任制做到横向到边,人人有责。

4. 乙方在任何时候都应采取各种合理的预防措施,防止员工发生任何违法、违禁、暴力或妨碍治安的行为。

5. 乙方必须具有安全生产监督管理部门颁发的安全生产证书,参加施工的人员必须接受安全技术教育培训,熟知和遵守本工种的各项安全技术操作规程,定期进行安全技术考核,考核合格者方准上岗操作。对于从事电气、起重、建筑登高等特殊工种和架设作业、锅炉、压力容器、焊接、机动车船驾驶、爆破、潜水、瓦斯检验等的特殊工作人员,经过专业培训,获得安全操作合格证后方准持证上岗。施工现场如出现特种作业无证操作现象,项目经理必须承担管理责任。

6. 对于易燃易爆的材料除应专门保管外,还应配备足够的消防设施,所有施工人员都应该熟悉消防设备的性能和使用方法;乙方不得将任何种类的爆炸物给予、易货或以其他方式转让给任何他人,或允许、容忍上述行为。

7. 操作人员上岗,必须按规定穿戴防护用品。施工负责人和安全检查员应随时检查劳动防护用品的穿戴情况,不按规定穿戴防护用品的人员不得上岗。

8. 所有施工机具和高空作业的设备均应定期检查,并有安全员的签字记录,保证其经常处于完好状态;不合格的机具、设备和劳动防护用品严禁使用。

9. 施工中采用新技术、新工艺、新设备、新材料时,必须制定相应的安全技术措施,施工现场必须有相关的安全标识牌。

10. 乙方必须按照本工程项目特点,组织制定本工程实施中的生产安全事故应急救援预案;如果发生安全事故,应按照《生产安全事故报告和调查处理条例》以及其他有关规定,及时上报有关部门,并坚持"四不放过"的原则,严肃处理相关责任人。

三、违约责任

如因甲方或乙方违约造成安全事故,将依法追究责任。

本合同正本一式两份,副本八份,合同双方各执正本一份,副本四份。由双方法定代表人或其授权的代理人签署与加盖公章后生效,全部工程竣工验收后失效。

甲方:(单位全称)(盖章)   乙方:(单位全称)(盖章)

法定代表人:

其授权的代理人: 法定代表人或其授权的代理人:

(姓名)   (姓名)

(签字)   (签字)

地址: 地址:

电话: 电话:

日期: 日期:

甲方监督单位:(全称)(盖章)   乙方监督单位:(全称)(盖章)

【评析】该安全生产管理合同的各结构要素齐备。双方当事人名称、正文前言交代了制定合同的目的、主体内容和落款等。合同双方责、权、利具体明确,无歧义。合同双方(甲乙)职责并列,分别逐条逐项列出,且内容翔实具体,整个合同条理清楚,一目了然。

任务实施

一、环境要求

可选择模拟办公室或多媒体教室等场所进行,备好纸、笔,配备计算机、投影仪等设备,最好每名学生配备一台计算机进行上机写作。

二、实施步骤

第一步,通过网络查阅安全生产管理合同的相关材料;第二步,分组讨论该安全生产管理合同写作的内容要点,主要包括依据、甲乙双方权利义务等;第三步,每人执笔或上机,写作初稿;第四步,不同小组间组员相互修改并签名;第五步,选取学生作品在多媒体上展示,师生共同点评。

巩固提升

××施工单位在施工过程中,务工人员未戴安全帽被掉落下来的砖块砸到了头部。务工人员要施工单位全部赔偿,可施工单位却坚持自身依据《安全生产管理合同》进行了安全生产教育培训,而工作期间必须佩戴安全帽便是其中培训内容,故不承认自身有赔偿义务。

你认为施工单位的坚持是否合理,说说理由。

任务三 委托书

学习目标

（1）了解委托书的含义、特点、分类和作用。

（2）掌握委托书的结构、写法和写作要求。

（3）能根据任务要求，规范地拟写各种委托书。

情景任务

××施工单位在施工过程中，某务工人员未戴安全帽被掉落下来的砖块砸伤了头。务工人员要施工单位进行赔偿，可施工单位却以务工人员自己未遵守安全作业要求为由拒绝。务工人员想状告施工单位，却无力写出诉讼状，这时有朋友建议委托律师代理打官司。可务工人员又为这份委托书犯了愁，请你帮他写一份委托律师代理打官司的委托书吧。

知识链接

一、基础知识

（一）委托书的含义和作用

委托书是委托他人代表自己行使合法权益，被委托人在行使权利时须出具委托人的法律文书。委托人不得以任何理由反悔委托事项，被委托人如果做出违背国家法律法规的任何权益，委托人有权终止委托协议。在委托人委托书上的合法权益内，被委托人行使的全部职责和责任都将由委托人承担，被委托人不承担任何法律责任。

委托书常常是委托他人代行自己的职责，一旦委托行为产生就具有法律效力，又称授权委托书、委托合同。

（二）委托书的特点

（1）委托合同是一种承诺合同，当委托人将自己的事务托付他人办理时，被委托人做出允许才可达成合意。自被委托人做出允诺之时，委托即告成立。

（2）委托合同可以是无偿单务合同，也可以为有偿双务合同。凡属于民事日常生活与活动的事务，通常为无偿单务委托合同。只有在法律规定或当事人约定要支付报酬的情况下，委托合同方成为有偿双务合同。

（3）委托合同的标的是处理事务的行为，委托合同只强调以事务为目的，而不以完成事务且有成果为要件。委托合同不适用于具有人身性质的行为和履行人身性质的债务的行为。

（三）委托书的种类

委托广泛存在于我们的社会生活中，委托书的种类和委托关系多种多样。根据文书的性质，委托书可分为民事代理授权委托书和诉讼代理授权委托书，这两种委托书也是日常生活中运用较广的两种。

（1）民事代理授权委托书。民事代理授权委托书是指当事人把代理权授予委托代理人的一种法律关系。民事代理授权委托书是指民事法律行为过程中，存在有授权委托的法律文书。这类委托书以契约形成，将个人的某些权利委派于他人身上。

（2）诉讼代理授权委托书。诉讼代理授权委托书是在诉讼中，委托代理人取得诉讼代理资格，为被代理人进行诉讼的证明文书，其记载的内容主要包括委托事项和代理权限，并由委托人签名或盖章。

二、委托书的结构和写法

委托书一般由首部、正文、署名和日期三部分构成。

（一）首部

（1）标题。委托书的标题很简单，主要有三种写法：一是直接写文种"委托书"，这是最常见的写法；二是事由加文种，如"房屋托管授权委托书"；三是以副标题形式将授权委托的内容加在主标题之下，如"委托书——××牌剃须刀销售代理"。

（2）委托人和受托人的基本情况。在授权委托书的标题下面左下方空两格处，用"委托人"或"受托人"（委托代理人）的字眼标注。写明委托人和受托人的姓名（或名称）、国籍、住址（或营业地址）等基本情况。

如果是自然人，要写清楚姓名、性别、年龄、民族、籍贯、职业、工作单位、住址等；如果委托人是法人的，则应写明法人的全称、地址、邮政编码、法定代表人或主要负责人姓名、职务、电话等。

如果有多个委托人或受托人，应当分别写明，并由各个当事人分别签名或盖章。未经授权的代理人，不得代为签字。如果有关当事人是法人代表，应当由法人代表或其授权的代理人签字，并加盖公章。

一般是委托人基本情况写在前，受托人的基本情况写在后。

（二）正文

正文是委托书的内容，一般采用条款形式。委托条款尽量详尽准确，以免发生争议；还应明确委托人委托办理事务的具体内容和受托人的权限范围。主要有以下内容：

（1）法律依据。在正文开头写明委托的法律依据，一般常用以下语句："根据法律规定，委托人×××自愿委托××，并经其同意为受委托人。"

（2）委托事项。说明委托代理的事项，是房屋管理、办理诉讼案件、办理工商登记还是签订合同。

（3）委托的权限范围。这是代理人实施代理行为有效的依据，代理的权限规定一定要清楚、明确,如"受托人不具有转委托权""委托人有权代理当事人承认、变更、放弃诉讼要求"等。

(4)当事人双方的权利和义务。委托人将依据法律承担受托人代理事务所发生的法律后果和法律责任。受托人要依照委托人的意愿尽最大努力实现委托人要达到的结果,在办理事务时,要维护委托人的合法权益。双方的权利与义务,应根据委托事项的需要,详细拟订。

(5)委托的报酬及报酬支付方式。当委托为有偿时,委托人应向受托人支付报酬,双方应根据代理的项目、代理的难易程度、所涉及的专业知识、技术复杂性及相关法律规定和常规来决定报酬的多少。

(6)委托履行的期限、地点和方式。与其他合同相比,委托书也有相应的履行期限、地点、方式和条款,使当事人明确在何时、何地、如何恰当地履行合同。委托的期限一定要写明起止时间,否则会引起争议。

(7)违约责任及争议解决。当委托人或受托人不履行或不适当履行委托书所规定的义务时,应当依据法律规定承担违约责任。双方当事人应就什么事项属于违约,违约事项出现后应当如何处理都要达成协议。当合同发生争议时,双方当事人可选择协商、调解、仲裁、法院审理等方式解决。

(8)委托的终止。委托书应对终止的情形进行规定。根据《中华人民共和国合同法》第四百一十条的规定,委托人或受托人有权随时解除委托合同。因解除合同给对方造成损失的,除不可归责于当事人的事由以外,应当赔偿损失。

(三)署名和日期

署名和日期又统称为落款。在委托书最后,委托人和受托人要签名盖章,并签写委托成立的日期(年、月、日)。位置在右下方,与其他应用文的落款相同。

三、签订授权委托书注意事项

(1)授权委托方法有三种:明示授权、默示授权和追认。
(2)委托的期限一定要写明起与止的时间,不写起止的时间,就容易引起争议。
(3)特别授权委托书如果是公民之间的,应当办理公证,以确保委托行为的真实性、合法性。

例文评析

<table>
<tr><td colspan="3" align="center">委托书</td></tr>
<tr><td>委托人姓名:</td><td>性别:</td><td>身份证号码:</td></tr>
<tr><td>受托人姓名:</td><td>性别:</td><td>身份证号码:</td></tr>
<tr><td colspan="3">我拥有位于××××的房产,现委托××为我的代理人,代理期限:××××年××月××日至××××年××月××日,代理如下事项:
一、全权办理出租上述房产有关手续,代为签署上述房产租赁合同、收取租金,代理人有权选择承租方并确定租赁价格。</td></tr>
</table>

二、管理上述房产,代为支付该房产有关水、电、物业管理、煤气、有线电视、电话、网络以及相关费用。

三、以上述房产为抵押办理贷款,代为签署借款合同、抵押合同等以及借款借据及其他相关文件,收取借款款项。

四、到国土部门办理上述房产的抵押登记手续。

五、全权办理提前还清上述房产贷款(即赎楼)手续,代办抵押登记注销手续、领取房地产证等产权证明,有权递件、取件,在有关文件上签字。

六、全权办理上述房产的有关转让手续,代为签署房产转让合同并收取售房款,在有关文件上签字。

七、办理上述房产的房款资金监管协议及收取资金监管协议中的房款,签署相关文件。

八、到国土部门查询上述房产产权资料、办理过户登记等手续。

九、全权办理所转让上述房产的水、电、物业管理、煤气、有线电视、电话、网络费及其他相关过户、销户手续。

委托代理人在其权限范围及代理期限内签署的一切有关合法文件及办理的相关手续,我均予以承认。

委托代理人(有/无)转委托权。

委托人(签字、捺指印):

××××年××月××日

【评析】这是一份民事代理授权委托书,要素齐全,写法规范。条理清晰,内容一目了然。结尾有明确责权表态,显得郑重严肃。

任务实施

一、环境要求

可选择模拟办公室或多媒体教室等场所进行,备好纸、笔,配备计算机、投影仪等设备,最好每名学生配备一台计算机进行上机写作。

二、实施步骤

第一步,通过网络查阅委托书的相关材料;第二步,分组讨论该委托书写作的内容要点,主要包括法律依据、事项、范围等;第三步,每人执笔或上机,写作初稿;第四步,不同小组间组员相互修改并签名;第五步,选取学生作品在多媒体上展示,师生共同点评。

巩固提升

请对以下案例进行分析,指出存在的问题并修改。

委 托 书

　　本公司因为工作及公司业务发展的长期合作的需要,准备特派和委托本公司(职位)(陈××)代理本公司关于××方面的业务工作。平时,我们这块业务是由原来的小张代理,现在因为小张请假了,只好特派陈××前来顶替和使用。

　　特此证明。

　　委托人:

任务四　承诺书

学习目标

（1）了解承诺书的含义、特点、分类和作用。

（2）掌握承诺书的结构、写法和写作要求。

（3）能根据任务要求，规范地拟写承诺书和签订承诺书。

情景任务

小丽在做化妆品的代理销售，并在自己的朋友圈内兜售这些化妆品。可有些朋友对其真假产生怀疑，要求小丽写一份化妆品不是真货就要全额退款的书面承诺。

假如你是小丽，请你拟写一份《产品质量承诺书》。

知识链接

一、基础知识

（一）承诺书的含义和作用

承诺书是受要约人完全同意要约的书面形式的意思表示，即受约人同意接受要约的全部条件而与要约人成立合同。通常是要求以书面订立的合同，其承诺也必须采取书面形式。

承诺书的法律效力在于，承诺书一经做出，并送达要约人，合同即告成立，要约人不得加以拒绝。

（二）承诺具备的条件

作为使合同得以成立生效的承诺，必须具备一定的条件，其必要条件是：

（1）承诺必须由受要约人做出。要约是要约人向特定的受要约人发出的，受要约人是要约人选定的交易对象，受要约人进行承诺的权利是要约人赋予的，只有受要约人才能取得承诺的能力，受要约人以外的第三人不享有承诺的权利。因此，第三人进行承诺不是承诺，只能视作对要约人发出了要约。如果订约的建议是向不特定人发出的，并且如果该订约建议可以构成要约，则不特定人中的任何人均可以作出承诺。不过实际上，最后能够作出承诺的，只能是特定的人。

（2）承诺须向要约人做出。承诺是对要约的同意，是受要约人与要约人订立合同，当然要向要约人做出。如果承诺不是向要约人做出，则做出的承诺不视为承诺，达不到与要约人订立合同的目的。

（3）承诺的内容须与要约保持一致。这是承诺最核心的要件,承诺必须是对要约完全的、单纯的同意。因为受要约人如果想与要约人签订合同,必须在内容上与要约的内容一致,否则要约人就可能拒绝要约人而使合同不能成立。如果受要约人在承诺中对要约的内容加以扩张、限制或者变更,便不能构成承诺,而应当视为对要约的拒绝。

（三）承诺书的特点

（1）严肃性。承诺的事项一般是比较重要甚至重大的事项,在承诺时相关单位和个人应考虑清楚。

（2）约束性。事项一经承诺,就对相关的单位和个人具有约束性,在某种程度上还具有强制性,应该在规定的范围内完成并实现其承诺。

（四）承诺书的种类

（1）个人承诺书。以个人名义作出承诺,体现的是个人的意愿,其约束的也是个人的行为。

（2）集体承诺书。两个或两个以上的个人或某个群体、单位所共同作出的承诺,其体现的是集体的意愿。

二、承诺书的结构和写法

承诺书一般由标题、正文、署名和日期三部分构成。

（一）标题

标题一般有三种写法:一是直接以文种“承诺书”为题;二是由事由加文种组成,如《廉洁自律承诺书》;三是由单位名称加文种再加文种组成,如《××市××局领导干部廉洁自律承诺书》。

（二）正文

正文由启语、主体和结语三部分组成。

启语,一般是说明签署承诺书的目的,表达做出承诺的意愿,用“我郑重承诺”或“我向……做出以下承诺”一类语句引出主体。

主体,主要是做出具体的承诺内容,大多采用分条式写法。

结语,一般是一些表态性语句。

（三）署名和日期

署名是承诺人的签署。承诺人是单位的,先写单位全称,加盖单位印章,后由主要负责人签署,或盖上其签名章。承诺人是集体的,先写上集体名称,后由该集体内所有成员一一签署,或由该集体主要负责人签署。承诺人是个人的,由个人签署,签上姓名。

日期是签署之日,年、月、日齐全,规范书写。

三、承诺书写作的注意事项

（1）承诺书是签署人内心真实意愿的表示，忌搞形式、走过场，忌出于无奈。

（2）承诺书的内容要有针对性、概括性、可行性，要突出重点，要简明扼要。

（3）承诺书本身虽无法律效力，但有约束作用，签下承诺书，就得考验诚信。

例文评析

安全施工承诺书

为切实防范和杜绝工程建设中的各种不安全因素，实现"优良工程""安全工程"双目标，本承包人特作如下承诺：

一、保证在施工现场进出口醒目处设立施工安全（警示）规则。

二、制定施工安全管理机构和安全管理责任制，配备工程建设项目专职安全员，并认真落实各项施工安全管理规定。

三、所有工程建设施工作业人员都要经过安全教育和技术操作培训，特殊工种的作业人员须有相应的技术资质证书。

四、工程建设中安全管理的危险场所、重点部位等处都要设立醒目的警示标识。

五、建筑施工中需要的各种辅助材料（设备）要有产品合格证书，辅助设备的安装、使用要符合安全管理规定，并严格执行安全操作规程。

六、工程建筑原材料的质量都是经过检验合格的产品。

七、本承包人愿意自觉接受发包人、监理、监督单位（人）及社会各界对工程建设中施工安全生产的监督。

八、工程建设施工期间发生任何安全责任事故，本承包人愿承担一切责任。

承诺人（签字并盖章）：

××××年××月××日

【评析】该承诺书结构完整，正文的启语、主体和结语三部分齐全。该承诺书主体采用条文式，内容清晰明了，如设立施工安全规则和警示标识、制定安全制度和培训制度、使用合格的建筑材料和产品等。

任务实施

一、环境要求

可选择模拟办公室或多媒体教室等场所进行，备好纸、笔，配备计算机、投影仪等设备，最好每名学生配备一台计算机进行上机写作。

二、实施步骤

第一步,通过网络查阅承诺书的相关材料;第二步,分组讨论该承诺书写作的内容要点,主要包括医院、承诺内容等;第三步,每人执笔或上机,写作初稿;第四步,不同小组间组员相互修改并签名;第五步,选取学生作品在多媒体上展示,师生共同点评。

巩固提升

请对以下案例进行分析点评,指出错误并给出修改建议。

承诺书

为充分发挥认证机构的作用,促进市场经济和谐发展,自觉加强行业自律,树立认证机构的良好形象,使本机构所从事的强制性产品认证、自愿性产品认证、质量管理体系认证活动有序、合法、健康,高度防范执业风险和避免责任,我们谨向社会公开承诺:

一、保证提供的全部换证材料真实、完整、准确。

二、本机构获得批准换证后,保证所从事的每项业务严格遵守国家法律、法规、规章的规定。

三、保证按照核准的业务范围合法、公正、公平地从事认证业务;严格遵守《中华人民共和国认证认可条例》《认证机构管理办法》。

四、保证诚信执业,提供优质、专业的认证服务,保证从事的每项认证活动始终遵循客观独立、公开公正、诚实信用的原则。

五、保证所认证的产品、服务内容客观公正,无虚假材料。

六、保证不承担不能胜任或不能按约定时限完成的认证活动,不给不符合条件的产品和服务提供认证业务。

七、配齐与从事相关产品认证活动相适应的检测、检查等技术能力。

八、本认证机构不得与行政机关搞利益关系,保证公正无私执业。

九、建立和完善对认证活动实施有效控制的管理体系;制定有效的认证实施程序,严格按照合同约定内容和认证实施程序提供产品、服务认证活动,健全认证管理体系和评审体系,确保认证真实、有效。

十、建立有效的专、兼职认证咨询人员聘用、培训、考核、使用和控制程序制度。

十一、保证按政府规定的服务收费标准收费,不擅自提高收费;不索取、收受委托合同以外的酬金或者其他财物。

十二、本认证机构不得接受任何可能对认证活动的客观公正产生影响的资助;不得从事任何可能对认证活动的客观公正产生影响的产品开发、营销等活动。

十三、本认证机构不得与认证委托人存在资产、管理方面的利益关系。

十四、本机构必须持续保持和保证始终符合法定许可条件。

任务五　安全技术交底

学习目标

(1)了解安全技术交底的含义、特点、分类和作用。

(2)掌握安全生产技术交底的结构、写法和写作要求。

(3)能根据任务要求,规范地拟写和开展安全技术交底。

情景任务

××建筑公司××项目一期建设基本完工,为加强工程建设各阶段施工安全和质量管理,保证工程项目最终顺利地完成目标,根据××项目一期工程的实际情况,要进行拆除工程作业这一最后项目。

请你为××建筑公司拟写一份拆除工程作业的安全技术交底。

知识链接

一、基础知识

(一)安全技术交底的含义

安全技术交底是指生产负责人在生产作业前对直接生产作业人员进行的该作业的安全操作规程和注意事项的培训,并通过书面文件方式予以确认。建设项目中,分部(分项)工程在施工前,项目部应按批准的施工组织设计或专项安全及施工措施方案,向有关人员进行安全技术交底。

施工作业前,项目技术负责人必须对操作班组及人员进行书面安全技术交底;施工作业过程中,项目技术负责人、项目安全(质量)管理人员和监理人员应在现场随时进行监督检查,发现问题应及时整改;施工作业完成后,凡涉及验收的项目,施工项目部和监理项目部有关技术人员应组织验收并填写相关检查用表,验收合格后方可进行下一道工序的施工。同时,施工企业安全生产管理部门和监理单位应加强对专项安全施工方案实施情况的监督检查,确保项目部严格按照规范标准和批准的专项安全施工方案进行实施。施工现场发生变化需要调整安全专项施工方案时,应按规定程序调整安全专项施工方案。

（二）安全技术交底的作用

安全技术交底相关规定要求，工程项目负责人应向参加施工的各类人员认真进行安全技术措施交底，使大家明白工程施工特点及各时期安全施工的要求，这是贯彻施工安全措施的关键。

（1）细化、优化施工方案。从施工技术方案选择上保证施工安全，让施工管理、技术人员从施工方案编制、审核上将安全放到第一的位置。

（2）让一线作业人员了解和掌握该作业项目的安全技术操作规程和注意事项，减少因违章操作而导致事故的可能。

（3）严格意义上讲，项目施工中的重要环节，不做交底不能开工。

二、建设工程安全技术交底的主要内容

安全技术交底主要包括两个方面的内容：

一是在施工方案的基础上按照施工的要求，对施工方案进行细化和补充。

二是要将操作者的安全注意事项讲清楚，保证作业人员的人身安全。安全技术交底工作完毕后，所有参加交底的人员必须履行签字手续，施工负责人、生产班组、现场专职安全管理人员三方各留执一份，并记录存档。

安全技术交底内容详细体现为：分项工程概况；施工准备、作业面准备、工具准备、劳动力准备、安全设施准备、对设备和机具的要求；操作流程、操作工艺及要点；根据工程实际，编写有针对性、能有效指导施工的安全技术措施内容；文明施工、环保要求等。

（1）从建筑或安装工程整体考虑。土建工程首先考虑施工期内对周围道路、行人及邻近居民、设施的影响，采取相应的防护措施（全封闭防护或部分封闭防护）；平面布置应考虑施工区与生活区分隔、施工排水、安全通道，以及高处作业对下部和地面人员的影响；临时用电线路的整体布置、架设方法；安装工作中的设备、构配件吊运，起重设备的选择和确定，起重半径以外的安全防护范围等。复杂的吊装工程还应考虑视角、信号、步骤等细节。

（2）对深基坑、基槽的土方开挖。首先应了解土壤种类，选择土方开挖方法，放坡坡度或固壁支撑的具体做法，总的要求是防坍塌。人工挖孔桩基础工程还须有测毒设备防中毒措施。

（3）高度30米以上的脚手架或设置的挑梁，以及大型混凝土模板工程，还应进行架体和模板承重强度、荷载计算，以保证施工过程中的安全。同时这也是确保施工质量的前提。

（4）安全平网、立网的架设要求。架设层次段落，如一般民用建筑工程的首层、固定层、随层（操作层）安全网的安装要求。事故往往发生在随层，所以做好严密的随层安全防护至关重要。

（5）龙门、井架等垂直运输设备的拉结、固定方法及防护措施，若不安全，将严重影响工期甚至造成群伤事故。

（6）施工过程中的"四口"防护措施，即楼梯口、电梯口、通道口、预留洞口应有防护措施。如楼梯、通道口设置12米高的防护栏杆并加装安全立网；预留孔洞应加盖；大面积孔洞，如吊装孔、设备安装孔、天井孔等应加周边栏杆并安装立网。

（7）交叉作业应采取隔离防护。如上部作业应满铺脚手板，外侧边沿应加挡板和网等防止物体下落的措施。

（8）"临边"防滑措施。施工中未安装栏杆的阳台（走台）周边、无外架防护的屋面（或平台）周边、框架工程楼层周边、跑道（斜道）两侧边、卸料平台外侧边等均属于临边危险地域，应采取防人员和物料下落的措施。

（9）施工过程中因外电线路发生人员触电事故屡见不鲜。当外电线路与在建工程（含脚手架具）的外侧边缘与外电架空线的边线之间达到最小安全操作距离时，必须采取屏障、保护网等措施。如果小于最小安全距离，还应设置绝缘屏障，并悬挂醒目的警示标识。

根据施工总平面的布置和现场临时用电需要量，制定相应的安全用电技术措施和电气防火措施，如果临时用电设备在 5 台及 5 台以上或设备总容量在 50 千瓦及 50 千瓦以上者，应编制临时用电组织设计。

（10）施工工程、暂设工程、井架门架等金属构筑物，凡高于周围原有避雷设备，均应有防雷措施，如井架、高塔的接地深度、电阻值必须符合要求等。

（11）对易燃易爆作业场所必须采取防火防爆措施。

（12）季节性施工的安全措施。如夏季防止中暑措施，包括降温、防热辐射、调整作息时间、疏导风源等措施；雨季施工要制定防雷防电、防坍塌措施；冬季防火、防大风等。

安全技术措施编制内容不拘一格，按其施工项目的复杂程度、难易程度、结构特点及施工环境条件，选择其安全防患重点，但施工方案的通篇必须贯彻"安全施工"的原则。为了进一步明确编制施工安全技术措施的重点，根据多发性事故的类别，应抓住以下 6 种伤害制订相应的防治措施，内容要翔实，有针对性：一是高空坠落，二是物体打击，三是坍塌，四是触电，五是机械伤害，六是中毒事故。

三、安全技术交底的编制要求与注意事项

1. 编制要求

安全技术交底编制人员是施工过程的设计师，必须树立"安全第一"的思想，从会审图纸开始就必须认真考虑施工安全问题，尽可能地不给施工和操作人员留下隐患。编制人员应当充分掌握工程概况、施工工期、场地环境条件，根据工程的结构特点，科学地选择施工方法、施工机械、交配电设施及临时用电线路架设，合理地布置施工平面图。

安全技术交底涉及施工的各个环节，因此，编制人员应当了解施工安全的基本规范、标准及施工现场的安全要求，如《建筑安装工程安全技术规范》《建筑施工高处作业安全技术规范》《施工现场临时用电安全技术规范》《建筑施工安全检查评分标准》等。如果是采用滑模工艺或其他特殊工艺施工，还必须熟悉《液压滑动模板施工安全技术规程》和相应的专业技术知识以后，才能在编制施工方案时确立工程施工安全目标，使措施通过现场人员的认真贯彻达到目标要求。

在编制过程中，编制人员还必须了解施工工程内部及外部给施工带来的不利因素，通过综合分析后，制定具有针对性的安全施工措施，使之起到保证施工进度，确保工程质量和安全、科学、合理、有序的指导施工的作用。

2.注意事项

（1）交底程序。项目部负责人作现场总交底，分部、分项工程交底由技术主管向生产副经理或栋号长、工长交底，栋号长、工长向劳务队长或班组长交底，班组长依据书面交底口头向施工人员进行交底。交底完成后，所有交接人员必须在交底表背面签字并交由项目部安全管理员存档。

（2）安全技术交底的执行原则。安全技术交底的执行原则是谁交底谁负责监控交底的运行情况，做到及时跟踪检查。安全技术交底必须根据工程实际需要编写，由交底人填写齐全，并一式多份，其中交底人、接交底人、安全员必须人手一份。

同时要经常检查安全措施的贯彻落实情况，纠正违章，使措施方案始终得到贯彻执行，达到既定的施工安全目标。

例文评析

分部分项安全技术交底书

工程名称：××大道（××路至××）道路工程二标段

分部分项工程：排水

一、沟槽开挖

1.进入现场，各施工人员都得遵守有关国家、单位及工地的安全规章制度。

2.沟槽开挖时，两人操作间距离应大于 2.5 m，机械开挖应由上而下，逐层进行，严禁采取先挖底脚（挖神仙土）的施工方法。

3.沟槽开挖应严格要放坡，操作时，应随时注意土壁动态，如发现有裂纹或部分坍塌现象，应及时进行支撑或放坡。

4.沟槽挖土深度超过 3 米以上，坑内人员应戴安全帽。

5.深基坑上下，采取阶滑措施，禁止踩踏支撑上下。

6.沟槽沿线应设危险标志，夜间警示灯牌。

7.夜间施工，要有足够的照明。

二、施工用电，小型机具及吊装

1.严格遵守《施工现场临时用电安全技术规定》。

要求：三相五线，电缆五芯，三级配电两级保护，一机一闸，一漏一箱，禁止使用木制开关箱。

2.小型砼机具要严格按照有关操作规程操作，设专人维护，防止触电和机损事故，有故障，必须由专业人员维修。

3.工地严禁赤脚，穿拖鞋和穿高跟鞋。

4.特种作业人员操作必须持证上岗。

5.吊装现场周围应设置临时栏杆，非工作人员不得入内。

6.吊臂正下方不得站人和在吊装下穿行。

7.工地留设的井口应及时盖严。

8.其他未尽事宜，请详按有关安全操作规程执行。

接受交底人姓名：	参加人数：
交底人姓名：	交底监督人：
交底日期：　年　月　日	

【评析】该安全技术交底书将涉及的工程标段、分部分项工程、交底双方姓名和人数、交底日期等内容清楚说明,全面、细致地介绍了排水作业涉及的各个安全技术方面内容及要求。

任务实施

一、环境要求

可选择模拟办公室或多媒体教室等场所进行,备好纸、笔,配备计算机、投影仪等设备,最好每名学生配备一台计算机进行上机写作。

二、实施步骤

第一步,通过网络查阅安全技术交底的相关材料;第二步,分组讨论该安全技术交底写作的内容要点,主要包括交底内容、交底人、接底人等;第三步,每人执笔或上机,写作初稿;第四步,不同小组间组员相互修改并签名;第五步,选取学生作品在多媒体上展示,师生共同点评。

巩固提升

某建筑工地上,工人们热火朝天地工作着。工程项目部负责人在工地视察,当他走到回填土位置时,去年被评为"优秀员工"的李元正在卖力地操作打夯机。李元一边与负责人打招呼,一边工作着,负责人端详了一阵,脸色一沉,勒令李元停下,大声质问道:"你穿的什么鞋子? 怎么只有你一人操作打夯机,其他人呢?"然后要求再来一人与李元一起操作打夯机。

你知道李元为什么挨批评吗? 负责人的批评有道理吗?

模块四　安全生产制度文书

📖 模块要点

本模块由章程、制度、规定、规程四个常用安全生产制度文书任务构成。通过任务训练，使学生了解章程、制度、规定、规程的含义、特点与作用，掌握其写作格式、结构与要求，能够结合实际任务撰写常用的安全生产制度文书。培养学生规范化、标准化的工作态度与习惯，逐步具备组织管理者的宏观意识。

🔔 重点
章程、制度、规定、规程四个常用安全生产制度文书的结构和写法。

🔔 难点
根据材料，制定章程、制度、规定、规程四个常用安全生产制度文书。

任务一 章 程

学习目标

(1)了解章程的含义、特点、分类和作用。

(2)掌握章程的结构、写法和写作要求。

(3)能根据任务要求,规范地拟写章程。

情景任务

随着业务的扩大,××奶业经营有限公司广州分公司的人员也在不断地增长,其中年轻人占了 70% 以上。为了增强年轻人的创业意识,挖掘他们的创业潜能,公司决定成立一个"青年创业家协会",人事部主管陈某让专员肖某负责起草一份协会章程。

假如你是肖某,请你拟写青年创业家协会章程。

知识链接

一、基础知识

(一)含义和作用

章程是社会组织、团体或企事业单位制定的关于组织规程或办事规则的应用文,是一种根本性的规章制度。章程主要用来系统地规定一个组织、团体或企事业单位的性质、宗旨、任务、组织结构、组成人员、权利和义务、活动规则等。章程往往有明确的范围和宗旨,有鲜明的目的性和较强的针对性,对该组织或团体的成员有较强的约束力。

(二)特点

(1)纲领性。章程是对该组织的性质、任务、奋斗目标和办事准则作最概括的规定,是该组织奋斗的纲领,所有成员行动的准则。

(2)约束性。章程对属下的一切组织和所有成员都有约束力。不遵守章程,就不能成为其中的一员;谁违反了章程,就要受到该组织的纪律处分。

(3)条理性。章程内容全部用条文表述,分章分条列项,纲目清楚,简明扼要地解说,既不具体叙述,也不展开议论。

(三)种类

(1)组织章程。组织章程由各类社会组织制定,用以对本组织的性质、宗旨、任务、机构、人员构成、内部关系、职责范围、权利义务、活动规则、纪律措施等作出明确规定。

而根据组织的性质,章程可分为党派章程(如《中国共产党章程》)、群众团体章程(如《工会章程》)、学术协会章程(如《房地产协会章程》)和企业章程(如《××公司章程》)。

(2)业务工作章程。业务工作章程主要由有关企事业单位制定,阐明其业务性质、运作方式、基本要求、行为规范等,如《××学院办学章程》《招生简章》《招工简章》等。

二、章程的结构和写法

章程一般由标题、正文、署名和日期等几个要素构成。正文的写作形式与规定相似,一般要求条文化,用章、条、款、项、目表述,条的序数按顺序排列。

(一)标题

标题一般由组织(团体)名称加文种构成,如《××市安全生产协会章程》;团体组织名称加事项加文种,如"××有限公司发行股票章程"。

(二)正文

章程的正文由总则、分则、附则三部分构成。第一章即"总则",中间各章为"分则",末章为"附则"。正文一般包括组织(团体)的性质、宗旨、任务、组成人员、组织结构和活动规则等内容。

1. 总则

总则是章程的纲领,对全文起统率作用。

(1)组织章程的总则部分写作一般要求阐明:组织的名称、性质、宗旨、任务、指导思想和组织本身的建设等。

(2)企业章程的总则部分写作涉及的内容一般有:企业名称、宗旨、经济性质、隶属关系、服务对象、机构等。

2. 分则

分则即基本规则部分,也即总则和附则之间的各章。

(1)组织章程的分则部分,通常需写明的内容有:组织人员(加入条件,加入程序,义务和权利,纪律规定等),组织机构(领导机构、常务机构和办事机构的设置、规模、产生方式和程序、任期、职责、相互关系等),组织经费(来源,管理方式),组织活动(内容、时间和方式),其他事宜(根据不同组织、团体的需要而确定)。

(2)企业章程的分则部分通常需写明:组织关系、资本构成、人事制度、资产管理、业务范畴、运作规程、利润分配等。

3. 附则

附则为补充说明的部分。

组织章程、企业章程的附则一般都要写:解释权,修订权,实施要求,生效日期,本章程与其他法规、规章的关系,以及其他未尽事项等。

(三)署名和日期

一般在副标题标明组织(团体)名称和发布日期,有时还注明××单位××××年××月××日通过,并用括号。

三、写作要求和注意事项

(一)写作要求

1.内容完备
章程的内容要包括社团名称、宗旨、任务、组织机构、会员资格、入会手续、会员权利义务、领导者的产生和任期、会费的缴纳和经费的管理使用等。必要的项目要完备,既突出特点又照顾全面。

2.结构严谨
全文由总到分,要有合理的顺序。分的部分,一般是先讲成员,后讲组织;先讲全国组织,次讲地方组织,后讲基层组织;先讲对内,后讲对外。要一环扣着一环,体现严密的逻辑性,使章程成为一个有机的统一体。

章程的条款,要完整和单一。一条表示一个意思,不要把一个完整的意思拆成几条,弄得零零碎碎;也不要把几个意思合在一条之中,交叉杂乱。这样,才便于称说,便于执行,便于引用。

3.明确简洁
章程特别强调明确简洁。要尽力反复提炼,用很少的话就把意思明确地表达出来。

章程用断裂行文法,用条文表达,句与句、段与段之间有一定的跳跃性,一般不要用"因为……所以……""虽然……但是……"等关联词语。

章程的语言多用词语的直接意义,不用比喻、比拟、夸张和婉曲等修辞手法。这样,语义毫不含糊,没有歧义,让人一看就明白。

4.程序合法
凡章程从撰写初稿到定稿,须经历讨论、修改和会议通过等环节。通常是成立起草小组,先拟出草案;接着召开座谈会征求意见;最后,组织章程由代表大会(会员大会)通过,企业章程由董事会(理事会)通过,才能成为正式章程。

(二)章程的写作注意事项

(1)章程序列逻辑要严密,文字表述要准确通俗。

(2)章程要简单扼要,切实可行,不要提过高的要求和目标。

例文评析

<h3 style="text-align:center">××学院九八届同学会章程</h3>

（第五次会员大会通过）

第一章　总则

第一条　本会是由××学院九八届毕业的学员组成的自我管理和自我服务的群众团体。

第二条　本会的宗旨:组织和团结九八届学员,积极开展各种有益的活动,加强学员之间的联系,增进友谊、互相帮助、携手前进,为××市的经济建设和精神文明建设多做贡献。

第三条　本会的任务:

(一)发动和组织全体会员开展各种有益的活动。

(二)关心会员,帮助会员解决工作、学习和生活等方面的实际问题。

(三)收集和印制会员的通信资料。

(四)加强同母校的联系,在母校与学员间起桥梁和纽带作用。

(五)激励会员为××市建设多做贡献。

第二章　会员

第四条　凡是××学院九八届毕业的学员和××行政学院的教职员工,承认本会章程,参加本会组织的活动,均可成为本会会员。

第五条　会员的权利:

(一)有参加本会举办的各种活动的权利。

(二)有选举权、被选举权和表决权。

(三)有对本会的工作提出建议和批评的权利。

第六条　会员的义务:

(一)有遵守章程,承担工作任务,履行职责的义务。

(二)有学习、宣传和执行党纪国法的义务。

(三)有联系校友、团结校友和服务校友的义务。

(四)有捐助本会经费,帮助本会开展各项活动的义务。

第三章　组织

第七条　本会的组织原则是民主集中制。

第八条　会员大会每年七月八日召开一次,特殊情况可提前或延期召开。设立理事会,理事会由会员大会推选产生,每届任期三年,理事可连选连任。

第九条　理事会的权利和职责:

(一)定期召开会员大会。

(二)推选会长和秘书长。会长和秘书长负责处理本会活动事务,可连选连任。

(三)解释和修改本会章程,组织开展本会的各项活动,审查本会经费的收支情况。

第四章　经费

第十条　本会的经费,主要来自会员捐助,同时,可考虑参与办一些实业,解决活动经费的来源。

第五章　附则

第十一条　本章程由××学院九八届同学会负责解释。

第十二条　本章程自20××年××月××日起生效。

【评析】这是一篇章条项式组织章程。标题名称由组织名称加文种构成,标题下有题注。全文共分五章十二条。第一章(前三条)是总则,概述了该同学会的性质、宗旨和任务。第二章至第四章(第四条至第十条)是分则,分别阐述了该同学会的会员、组织和经费。第五章(第十一条、第十二条)是附则,说明了本章程的解释权和生效期。文章条款具体,清晰简洁。

任务实施

一、环境要求

可选择模拟办公室或多媒体教室等场所进行,备好纸、笔,配备计算机、投影仪等设备,最好每名学生配备一台计算机进行上机写作。

二、实施步骤

第一步,通过网络查找章程写作的相关材料;第二步,分组讨论本章程写作的内容要点,主要包括总则、分则和附则;第三步,每人执笔或上机,写作初稿;第四步,各小组组员间相互评阅初稿,然后讨论并选出本组代表作进行修改;第五步,以小组为单位上交一篇章程并在多媒体上展示,师生共同点评。

巩固提升

为响应《中华人民共和国安全生产法》的颁布,加强安全生产工作,防止和减少生产安全事故,切实保障人民群众生命和财产安全,××省企事业单位及安全生产管理人员、安全科学技术工作者自愿自发成立了非营利性社会组织××省安全生产协会。为规范××省境内的安全生产以及明确自身的职责,该协会决定拟写一份《××省安全生产协会章程》。

请你根据本章学习,为该协会撰写这份章程。

任务二　制　度

学习目标

（1）了解制度的含义、特点、分类和作用。

（2）掌握制度的结构、写法和写作要求。

（3）能根据任务要求，规范地拟写制度。

情景任务

随着业务的发展，××公司的公车数量不断增加，公务活动明显增加。为保障公务车的安全运行，建设安全高效的公司，公司董事会决定加强对小汽车的安全管理，出台《××公司公务用车安全管理制度》。请你根据以上情景，拟写××公司公务用车管理制度。

知识链接

一、制度的基础知识

（一）含义

制度一般是指国家机关、团体、企事业单位对某一具体事项或行政工作制定的办事规程或行为准则，也指在一定历史条件下形成的法令、礼俗等规范或一定的规格。有明确的范围和很强的针对性。

制度一经颁布，就对某一岗位上的或从事某一项工作的人员有约束作用，是他们行动的准则和依据。

（二）种类

制度可分为岗位性制度和法规性制度两种类型。

岗位性制度适用于某一岗位上的长期性工作，故有时制度也称"岗位责任制"，如《办公室人员考勤制度》《机关值班制度》；法规性制度是对某方面工作制定的带有法令性质的规定，如《职工休假制度》《差旅费报销制度》。

（三）特点

（1）指导性和约束性。制度对相关人员做些什么工作、如何开展工作都有一定的提示和指导，同时也明确相关人员不得做些什么，以及违背了会受到什么样的惩罚。因此，制度有指导性和约束性的特点。

（2）鞭策性和激励性。制度有时就张贴或悬挂在工作现场，随时鞭策和激励着人员遵守纪律、努力学习、勤奋工作。

（3）规范性和程序性。制度对实现工作程序的规范化，岗位责任的法规化，管理方法的科学化等起着重大作用。制度的制定必须以有关政策、法律、法令为依据。制度本身要有程序性，为人们的工作和活动提供可供遵循的依据。

二、结构和写法写法

（一）标题

制度的标题主要有两种构成形式，一种是以适用对象和文种构成，如《保密制度》《档案管理制度》；另一种是以单位名称、适用对象、文种构成，如《××大学校产管理制度》《××市工业局廉政制度》。

（二）正文

制度的正文有多种写法，主要可以概括为三种情况：引言、条文、结语式；通篇条文式；多层条文式。

引言、条文、结语式。先写一段引言，主要用来阐述制定制度的根据、目的、意义、适用范围等，然后将有关规定一一分条列出，最后再写一段结语，强调执行中的注意事项。

通篇条文式。将全部内容都列入条文，包括开头部分的根据、目的、意义，主体部分的种种规定，结尾部分的执行要求等，逐条表述，形式整齐。

多层条文式。这种写法适用于内容复杂、篇幅较长的制度，特点是将全文分为多层序码，篇下分项、项下分条、条下分款。如某省制定的《档案管理制度》，用"一、二、三……"来表示大项，用"（一）（二）（三）……"来表示大项下的条，用"1.2.3.……"来表示条下的款。

（三）署名和日期

如有必要，可在标题下方正中加括号注明制发单位名称和日期，其位置也可以在正文之下，相当于公文落款的地方。

三、写作要求和注意事项

（一）规章制度的写作要求

（1）体式的规范性。规章制度在一定范围具有法定效力，因此在体式上较其他事务文书，更具有规范性。规章制度，用语简洁、平易、严密，在格式上，不论是章条式，还是条款式，本质上都是采用逐章逐条的写法，条款层次由大到小依次可分为七级：编、章、节、条、款、目、项。一般以章、条、款三层组成最为常见。

（2）内容的严密性。规章制度需要人们遵守其特定范围的事项，因此其内容必须有预见性、科学性，就其整体，必须通盘考虑，使其内容具有严密性，否则无法遵守或执行。

（3）制度是人类社会为资源、权力、价值和利益分配而形成的各种规则总和,这些规则有些是明显的正式的,如国家法律典章制度;有些是潜在的非正式的,如社会风俗习惯。正式制度是指有意识创造出来并通过国家正式确立的各类成文规则,非正式制度则是指人们在长期社会交往中逐步形成并得到社会认可的一系列约束性规则,包括价值信念、伦理道德、文化传统、风俗习惯、意识形态等。正式制度具有强制性、阶段性特点,它的创新通过立法形式或即时完成,如一些先行区实行的对产业制度、财税制度的创新,就是通过先行区的立法形式确定。非正式制度具有自发性、非强制性、广泛性和持续性的特点,其变迁是缓慢渐进的,具有"顽固性"。通过正式法律创新形式,可以把原来属于非正式制度的社会规范转化为正式的法律规范,或者将国际上行之有效的法律法规引进到先行区先行先试,规范既保证先行经济具有强制执行力,又保证区内相关参与者有明确的规则可以遵循。

（二）制度写作的注意事项

（1）制度的各项规定必须具体、准确,并切实可行。

（2）制度的内容必须全面、详尽。

（3）制度的章法要严密,条理要清楚。

例文评析

门卫管理制度

一、门卫工作人员在值班时间务须衣饰整洁,对来访者以礼相待,态度和蔼。

二、门卫工作人员必须坚守工作岗位,做好安全保卫工作。

三、传达室是工作场所,外来人员不准在室内谈天闲坐。外来联系工作的人员必须出示介绍信,并进行来访登记,方可进厂。

四、上班时间谢绝会客。除急事外,私人电话一般不传呼。集体参观必须持上级主管部门介绍信,并事先与本厂有关部门联系,经同意后才能入厂。

五、本厂职工一律不准带小孩上班,不准带零食,不准穿拖鞋,进厂必须衣冠端正,佩戴厂徽（戴在胸左上方）,未佩戴者须登记上报。外包工、临时工、外来学习培训人员进厂应出示凭证。

六、凡本厂职工迟到者必须登记。上班期间因公外出,应持出厂证。凡经批准的病假、事假、调休等人员出厂应持有准假证。所有持证人员必须在门卫登记后才能出厂,对无证出厂者,门卫有权登记并及时上报人保科。

七、凡厂内的原辅材料、生产设备、工具零件、成品、半成品等一切物资一律凭成品物资出厂单或实物现金发票出厂联出厂。凡拎包等物出厂要主动向门卫打招呼。对不符合手续出厂的物品门卫有权询问、检查或滞留。

八、各种车辆按指定地点停放,未经批准不准入厂。

××生物科技公司××化工厂

××××年××月××日

【评析】这一份企业的"门卫管理制度",是一种岗位性制度,内容以人为中心,涉及出入厂人员、物品和车辆管理。首先,规范的是对外来人员(来联系工作的人员和集体参观人员)的管理;其次,是规范对内部人员及物品、车辆的管理(上班期间进出厂的注意事项和有关考勤事宜)。这篇范例条理清晰、规定明确,针对性强,便于执行。

任务实施

一、环境要求

可选择模拟办公室或多媒体教室等场所进行,备好纸、笔,配备计算机、投影仪等设备,最好每名学生配备一台计算机进行上机写作。

二、实施步骤

第一步,通过网络查找制度写作的相关材料;第二步,分组讨论该公务用车安全管理制度写作的内容要点,主要包括制度制定的目的、公务用车的范围、公务用车的标准、公务用车的审批程序、公务用车的费用核算方法等;第三步,每人执笔或上机,写作初稿;第四步,各小组组员间相互评阅初稿,然后讨论并选出本组代表作进行修改;第五步,以小组为单位上交一篇《××公司公务用车安全管理制度》并在多媒体上展示,师生共同点评。

巩固提升

××鞋业有限公司有五百多名员工,公司内部设有食堂。为防止"病从口入",搞好食堂卫生是关系全体员工身体健康的大事,必须引起厨房工作人员思想上的高度重视,必须花大力气搞好食品、厨房、餐厅及周围的环境卫生。

请起草一份食堂卫生管理制度。

任务三　规　定

学习目标

（1）了解规定的含义、特点、分类和作用。
（2）掌握规定的结构、写法和写作要求。
（3）能根据任务要求，规范地撰写规定。

情景任务

　　春节这一中国传统佳节一直以团圆、热闹为主要特征。每逢春节，除了鼎沸的人声，"噼噼啪啪"的鞭炮声也呈现了喧嚣、热闹的气氛。然而这些年，由于不慎使用鞭炮，引发了不少重大安全事故，危害人们人身安全，造成严重损失。为了保障人民群众生命财产安全，防止环境污染，××市决定在今年春节来临之前制定一份《关于禁止燃放烟花爆竹的规定》。

　　假如你是××市政府办公厅的文案人员，请拟写这份《××市关于禁止燃放烟花爆竹的规定》。

知识链接

一、规定的基础知识

（一）规定的含义和作用

　　规定是领导机关或职能部门为处理或解决某种事项或问题提出要求和规范的公文，具有一定的规定性和权威性。规定涉及的工作或问题不如条例那么重大，法规性和约束力也次于条例。

　　规定是规范性文书中适用范围最广、使用频率最高的文种。它是领导机关或职能部门对特定范围内的工作和事务制定相应措施，要求所属部门和下级机关贯彻执行的法规性文书。

（二）规定的特点

　　规定是局限于落实某一法律、法规，加强某项管理工作而制定的，具有较强的约束力，而且内容细致、可操作性强。其特点具体表现如下：

　　（1）针对广泛。从针对问题和涉及对象来看，规定都是针对带有一般性和普遍性的问题，涉及大多数人和事。

　　（2）约束力强。从约束力和法定效力来看，规定都具有极强的强制约束力，它们的效力是由法定作者的法定权限与规范的公文内容决定的,包括效力所及的时间、空间、人员、机关等。此外,规定一般实行"不溯既往"和"后法推翻前法"的原则,即文书效力所及只是文件正式成立后发生的有关人和事,与其规定不一致的"旧文件"即行废止。

(3)程序严格。规定产生的程序极为严格和规范,需要履行严格的审批手续和正式公布。

(4)语言规范。规定要求语言运用高度准确、概括、简洁、通俗和规范。

(三)规定的种类

(1)政策性规定。用以规定某些政策,按照有关法律、法规的条文,制定有关的准则和政策,作为开展工作的主要依据。

(2)管理性规定。即社会组织在各自的管理权限范围内就某一项工作作出的管理要求。

(3)补充性规定。当法规性公文内容不够具体、贯彻执行有困难时,或者在贯彻执行过程中出现新情况、新问题时,要用此类规定作出一些补充。

(4)实施性规定。用法近似于实施办法,和实施原件配套使用。

此外,从部门上分,有政府的规定、社会团体的规定和企事业单位的规定;从时间上分,有暂时性规定和长远性规定等。

二、规定基本结构和写法

规定和办法的结构格式非常类似。一般由标题、正文、发布机关及发布日期三部分组成。

(一)标题

标题一般有以下两种写法:
(1)由发布机关、事由和文种构成,如《××公司安全教育规定》。
(2)由事由和文种构成,如《安全培训规定》。

(二)正文

正文的内容一般由总则、分则和附则组成。
(1)总则交代制定规定或办法的缘由、依据、指导思想、适用原则和范围等。
(2)分则即规定或办法的具体项目,包括规定或办法的实质性内容和要求具体执行的依据。
(3)附则往往说明有关执行要求等。正文的表述一般大体有以下三种:
①条款式。采用条款的形式,将有关内容逐条列出。
②章段式。将有关内容以段落方式写出,每一段前标明小标题,并用序数标注。
③序列式。将有关内容用序数标明,一一列出。

(三)发布机关、发布日期

发布机关和发布日期一般用副标题注明。

三、规定的写作注意事项

（1）逻辑要严密，条理要清楚。

（2）语言应朴实简单、准确，不要使用易发生歧义的词句。

例文评析

建筑施工企业主要负责人、项目负责人和专职

安全生产管理人员安全生产管理规定

第一章　总则

第一条　为了加强房屋建筑和市政基础设施工程施工安全监督管理，提高建筑施工企业主要负责人、项目负责人和专职安全生产管理人员（以下合称"安管人员"）的安全生产管理能力，根据《中华人民共和国安全生产法》《建设工程安全生产管理条例》等法律法规，制定本规定。

第二条　在中华人民共和国境内从事房屋建筑和市政基础设施工程施工活动的建筑施工企业的"安管人员"，参加安全生产考核，履行安全生产责任，以及对其实施安全生产监督管理，应当符合本规定。

第三条　企业主要负责人，是指对本企业生产经营活动和安全生产工作具有决策权的领导人员。

项目负责人，是指取得相应注册执业资格，由企业法定代表人授权，负责具体工程项目管理的人员。

专职安全生产管理人员，是指在企业专职从事安全生产管理工作的人员，包括企业安全生产管理机构的人员和工程项目专职从事安全生产管理工作的人员。

第四条　国务院住房城乡建设主管部门负责对全国"安管人员"安全生产工作进行监督管理。

县级以上地方人民政府住房城乡建设主管部门负责对本行政区域内"安管人员"安全生产工作进行监督管理。

第二章　考核发证

第五条　"安管人员"应当通过其受聘企业，向企业工商注册地的省、自治区、直辖市人民政府住房城乡建设主管部门（以下简称"考核机关"）申请安全生产考核，并取得安全生产考核合格证书。安全生产考核不得收费。

第六条　申请参加安全生产考核的"安管人员"，应当具备相应文化程度、专业技术职称和一定安全生产工作经历，与企业确立劳动关系，并经企业年度安全生产教育培训合格。

……

第三章　安全责任

第十四条　主要负责人对本企业安全生产工作全面负责，应当建立健全企业安全生产管理体系，设置安全生产管理机构，配备专职安全生产管理人员，保证安全生产投入，督促检查本企业安全生产工作，及时消除安全事故隐患，落实安全生产责任。

第十五条　主要负责人应当与项目负责人签订安全生产责任书，确定项目安全生产考核目标、奖惩措施，以及企业为项目提供的安全管理和技术保障措施。

工程项目实行总承包的，总承包企业应当与分包企业签订安全生产协议，明确双方安全生产责任。

第十六条　主要负责人应当按规定检查企业所承担的工程项目，考核项目负责人安全生产管理能力。发现项目负责人履职不到位的，应当责令其改正；必要时，调整项目负责人。检查情况应当记入企业和项目安全管理档案。

……

第四章　监督管理

第二十三条　县级以上人民政府住房城乡建设主管部门应当依照有关法律法规和本规定,对"安管人员"持证上岗、教育培训和履行职责等情况进行监督检查。

第二十四条　县级以上人民政府住房城乡建设主管部门在实施监督检查时,应当有两名以上监督检查人员参加,不得妨碍企业正常的生产经营活动,不得索取或者收受企业的财物,不得谋取其他利益。

有关企业和个人对依法进行的监督检查应当协助与配合,不得拒绝或者阻挠。

第二十五条　县级以上人民政府住房城乡建设主管部门依法进行监督检查时,发现"安管人员"有违反本规定行为的,应当依法查处并将违法事实、处理结果或者处理建议告知考核机关。

第二十六条　考核机关应当建立本行政区域内"安管人员"的信用档案。违法违规行为、被投诉举报处理、行政处罚等情况应当作为不良行为记入信用档案,并按规定向社会公开。

"安管人员"及其受聘企业应当按规定向考核机关提供相关信息。

第五章　法律责任

第二十七条　"安管人员"隐瞒有关情况或者提供虚假材料申请安全生产考核的,考核机关不予考核,并给予警告;"安管人员"1 年内不得再次申请考核。

"安管人员"以欺骗、贿赂等不正当手段取得安全生产考核合格证书的,由原考核机关撤销安全生产考核合格证书;"安管人员"3 年内不得再次申请考核。

第二十八条　"安管人员"涂改、倒卖、出租、出借或者以其他形式非法转让安全生产考核合格证书的,由县级以上地方人民政府住房城乡建设主管部门给予警告,并处 1 000 元以上 5 000 元以下的罚款。

……

第六章　附则

第三十五条　本规定自 20××年 9 月 1 日起施行。

【评析】该规定采用条款式,简明清晰。安全生产管理的各项内容逐条逐项列出。内容翔实全面,又具有操作性。将安全生产管理的各个责任人的相关职责、实施具体措施详细说明,且各条均具有可实施性。

任务实施

一、环境要求

可选择模拟办公室或多媒体教室等场所进行,备好纸、笔,配备计算机、投影仪等设备,最好每名学生配备一台计算机进行上机写作。

二、实施步骤

第一步,通过网络查阅燃放烟花爆竹的相关法律法规、安全生产要求和标准等材料;第二步,分组讨论烟花爆竹燃放规定的写作内容要点,主要包括指导思想、总体目标、组织领导、重点工作等;第三步,每人执笔或上机,写作初稿;第四步,不同小组间组员相互修改并签名;第五步,选取学生作品在多媒体上展示,师生共同点评。

巩固提升

××企业为了落实市政府关于烟花爆竹安全管理工作的部署,请结合相关规定,拟写一份包括目的、要求、方式、方法等部署具体、周密,操作性强的工作方案。

任务四　规　程

学习目标

（1）了解规程的含义、特点、分类和作用。

（2）掌握规程的结构、写法和写作要求。

（3）能根据任务要求规范地制定规程。

情景任务

××公司仓库里的叉车司机在作业中经常横冲直撞，非常不安全，安全总监就安排仓库管理员小刘起草一份叉车安全操作规程。假如你是小刘，请拟写一份叉车安全操作规程。

知识链接

一、基础知识

规程的确切定义：为设备、构件或产品的设计、制造、安装、维护或使用而推荐惯例或程序的文件。

操作规程一般是指有权部门为保证本部门的生产、工作能够安全、稳定、有效运转而制定的，相关人员在操作设备或办理业务时必须遵循的程序或步骤。

安全操作规程是员工操作机器设备、调整仪器仪表和其他作业过程中，必须遵守的程序和注意事项。安全操作规程是企业规章制度的重要组成部分。操作规程规定了操作过程应该做什么，不该做什么，设施或者环境应该处于什么状态，是员工安全操作的行为规范。

操作规程一般包含以下几个方面：煤矿安全操作规程、石油化工安全操作规程、土木建筑安全操作规程、机械加工安全操作规程、电力安全操作规程、冶金安全操作规程、消防安全操作规程、交通运输安全操作规程、特种设备安全操作规程及其他。

二、操作规程编制

（一）安全操作规程编制的依据

（1）现行的国家、行业安全技术标准和规范、安全规程等。

（2）设备的使用说明书、工作原理资料，以及设计、制造资料。

（3）曾经出现过的危险、事故案例及与本项操作有关的其他不安全因素。

（4）作业环境条件、工作制度、安全生产责任制等。

（二）安全操作规程的内容

搜集以上相关资料后，就可以进行安全操作规程的编写了。安全操作规程的内容应该简练、易懂、易记。条目的先后顺序力求与操作顺序一致。

安全操作规程一般包括以下几项内容：

（1）操作前的准备，包括：操作前做哪些检查，机器设备和环境应该处于什么状态，应做哪些调查，准备哪些工具，等等。

（2）劳动防护用品的穿戴要求，应该和禁止穿戴的防护用品种类，以及如何穿戴等。

（3）操作的先后顺序、方式。

（4）操作过程中机器设备的状态，如手柄、开关所处的位置等。

（5）操作过程需要进行哪些测试和调整，如何进行。

（6）操作人员所处的位置和操作时的规范姿势。

（7）操作过程中必须禁止的行为。

（8）一些特殊要求。

（9）异常情况如何处理。

（10）其他要求。

（三）安全操作规程的撰写

安全操作规程的格式一般可分为"全式"和"简式"。全式一般由总则或适用范围、引用标准、名词说明、操作安全要求构成，通常用于范围较广的规程，如行业性的规程。简式的内容一般由操作安全要求构成，针对性强，企业内部制定的通常采用简式。为了使操作者更好地掌握、记住操作规程，发生事故时的既定程序处理，也可以将安全操作规程图表化、流程化。采用流程图表化的规程，可一目了然，便于应用。

安全操作规程编写完成后，应该广泛征求相关部门意见，特别是设备管理部门和使用部门，经过反馈，进一步修改完善，最后经过有关部门审批，作为企业内部标准严格执行。随着生产工艺的变化、新设备的使用、新材料和新技术的应用，操作的方式和方法也会发生变化，因此操作规程编制完成后，也要根据以上情况的变化及时修订。

三、制定安全操作规程的要求

（1）要做到"三全"。安全操作规程要全面覆盖生产经营单位的全体从业人员的全部生产操作以及操作的全过程（作业前、中、异常情况），不能有死角或漏洞。

（2）要先对操作的全过程进行危险辨识（物料、设备、工艺、环境、防护、法规），再制定防止事故的措施，然后把防止事故的措施中有关规范、约束操作者行为的措施整理成为安全操作规程。

（3）要吸取事故教训（包括本单位曾发生的事故和尽可能搜集到的同行业、同类型单位曾发生的事故），把防止重复性事故的措施中有关规范、约束操作者行为的措施写进规程。

（4）安全操作规程不能只明确"不准干什么、不准怎样干"，还要明确"应怎样干"；不能留有让从业人员"想当然、自由发挥"的余地；应该明确必需的操作、禁止的操作、必需的操作步骤、操作方法、操作注意事项和正确使用劳动防护用品的要求以及出现异常时的应急措施等。

（5）涉及设备操作的安全操作规程应包括如何正确操纵设备，防止设备损坏事故的规定。

例文评析

挖掘机安全操作规程

1. 作业前应进行检查，确认大臂和铲斗运动范围内无障碍物及其他人员，鸣笛示警后方可作业。

2. 挖槽时，应按安全技术交底要求放坡、推土，严禁在机身下方掏挖，履带或轮胎应与沟槽边保持1.5米以上的安全距离。

3. 装车作业时，应待运输车辆停稳后进行，铲斗应尽量放低，并不得砸撞车辆，严禁车厢内有人。严禁铲斗从汽车驾驶室顶上越过。

4. 行走时臂杆应与履带平行，并制动回转机构，铲斗离地面宜为1米。行走坡度不得超过机械允许最大坡度，下坡用慢速驶，严禁空挡滑行。转弯不应过急，通过松软地时应进行铺垫加固。

5. 操作人员离开驾驶室前，必须将铲斗落地并关闭发动机。

6. 不得用铲斗吊运物料。

7. 发现运转异常时应立即停机，排除故障后方可继续作业。

8. 轮胎式挖掘机在斜坡上移动时，铲斗应转向高坡一边。

9. 使用挖掘机拆除构筑物时，操作人员应分析构筑物倒塌方向，在挖掘机驾驶室与被拆除构筑物之间留有构筑物倒塌的空间。

10. 挖掘机停放场地应平整坚实，停机时必须将行走机构制动。

【评析】这是一篇"简式"的安全操作规程，内容囊括操作的全过程，用语简明扼要、通俗易懂。

任务实施

一、环境要求

可选择模拟办公室或多媒体教室等场所进行，备好纸、笔，配备计算机、投影仪等设备，最好每名学生配备一台计算机进行上机写作。

二、实施步骤

第一步，通过网络查阅安全操作规程的相关材料；第二步，分组讨论该安全操作规程写作的内容要点,主要包整个作业过程的操作要点等;第三步,每人执笔或上机,写作初稿;第四步,不同小组间组员相互修改并签名;第五步,选取学生作品在多媒体上展示,师生共同点评。

巩固提升

试分析以下案例,并修改完善。

电工安全技术操作规程

1.所有绝缘、检验工具,应妥善保管,严禁他用,并应定期检查、校验。

2.现场施工用高低压设备及线路,应按照施工设计及有关电气安全技术规程才架设。

3.线路上禁止带负荷或断电,并禁止带电操作。

4.熔化焊锡,锡块、工具要干燥,防止爆溅。

5.喷灯不得漏气、漏油及堵塞,不得在易燃、易爆场所点火及使用。工作完毕,灭火放气。

6.配制环氧树脂及沥青电缆胶时,操作地点应通风良好,并须戴好防护用品。

7.不得使用锡焊容器盛装热电缆胶。高空浇注时,下方不得有人。

8.有人触电,立即切断电源,进行急救;电气着火,应立即将有关电源切断,使用泡沫灭火器或干砂灭火。

模块五　安全生产行政执法文书

📖 模块要点

本模块由现场检查方案、现场检查记录、现场处理措施决定书、整改复查意见书四个安全生产行政执法文书任务构成。通过任务训练,旨在使学生了解现场检查方案、现场检查记录、现场处理措施决定书、整改复查意见书的含义、特点与作用,掌握其写作格式、结构与要求,能够结合实际任务撰写常用的安全生产行政执法文书。培养学生法律意识、责任意识,逐步养成遵纪守法的习惯。

🔔 重点

现场检查方案、现场检查记录、现场处理措施决定书、整改复查意见书的结构和写法。

🔔 难点

根据生产实际,规范应用现场检查方案、现场检查记录、现场处理措施决定书、整改复查意见书。

任务一　现场检查方案

学习目标

（1）了解现场检查方案的含义和作用。

（2）掌握现场检查方案的制作方法及要求。

（3）能根据任务要求，规范制作现场检查方案。

情景任务

小赵是某安全生产监督管理部门新进的大学毕业生，为增长见识和增加磨炼，他主动要求参加对××建筑公司的安全生产检查，在去现场检查前，部门负责人要求其做好现场检查方案。假如你是小赵，请你拟写一份××建筑公司现场检查方案。

知识链接

一、基础知识

《现场检查方案》是依据监管监督检查计划制作的，载明检查对象、检查方式、检查时间、检查地点、检查内容和检查人员组成等信息的一种执法文书，是检查人员现场检查的基本依据。

二、文书制作说明

（1）被检查单位基本信息。根据拟开展检查的单位具体情况如实填写。

（2）检查时间填写拟开展监督检查的日期。

（3）检查内容。根据检查需要，按照统筹兼顾，突出重点，量力而行的原则，按计划、分类别，选择明确检查内容。

（4）检查方式。根据实际情况，填写计划检查、非计划检查，随机抽查、联合检查，现场检查、资料检查等。

（5）审核意见。由监督检查负责人负责审核并签署意见。

（6）审批意见。由所在应急管理部门有关负责人审批并签署意见。

三、文书制作注意事项

（1）监督检查方案应当涵盖被检查对象的名称、类型等基本信息，监督检查的方式、重点内容、行政执法人员的组成以及其他应当明确的情况，并按规定归档保存。

（2）制作时,监督检查带队负责人应当组织参加检查人员讨论研究,编制检查方案,细化检查具体事项和内容。制作完成后,按照规定审批。

例文评析

安全生产行政执法文书

现场检查方案

（×）应急检查〔2020〕1103 号

被检查单位	××县××水产有限责任公司		
地址	××县海滨路		
联系人	赵××	所属行业	水产冷冻加工
检查时间	2020 年 11 月 19 日		
行政执法人员	××海洋生态文明综合试验区应急管理局朱××、李××		
检查内容	1. 企业是否按规定编制事故应急预案并进行演练。 2. 企业安全生产标准化建设情况。 3. 企业建立安全生产风险分级管控和隐患排查治理体系情况。 4. 企业安全基础管理情况（安全生产管理制度制定及落实,安全投入,安全管理机构设置及人员配备,主要负责人、安全管理人员和特种作业人员持证上岗及全员培训、岗位操作规程、应急管理等）。		
检查方式	按照监督检查计划规定,采取查资料与查现场相结合的方式进行。		
审核意见	审核人（签名）： 2020 年 11 月 18 日	审批意见	审批人（签名）： 2020 年 11 月 18
备注			

【评析】该现场检查方案以表格形式呈现,一目了然。方案包括检查人员及被检查单位的基本情况,检查内容齐全。

任务实施

一、环境要求

可选择模拟办公室或多媒体教室等场所进行,备好纸、笔,配备计算机、投影仪等设备,最好每名学生配备一台计算机进行上机写作。

二、实施步骤

第一步,通过网络查阅现场检查方案的相关材料;第二步,分组讨论该现场检查方案写作的内容要点,重点是检查内容;第三步,每人执笔或上机,写作初稿;第四步,不同小组间组员相互修改并签名;第五步,选取学生作品在多媒体上展示,师生共同点评。

巩固提升

高校每年放寒、暑假,一般在放假前要进行安全大检查。请为你的学校拟写一份寒假前的现场检查方案。

任务二　现场检查记录

学习目标

（1）了解现场检查记录的含义和作用。

（2）掌握现场检查记录的制作方法及要求。

（3）能根据任务要求，规范地制定现场检查记录。

情景任务

小赵是某安全生产监督管理部门新进大学毕业生，在参加对××建筑公司的安全生产检查过程中，部门负责人要求其做好现场检查记录。假如你是小赵，请你制作一份××建筑公司现场安全现场检查记录。

知识链接

一、基础知识

《现场检查记录》是安全生产行政执法人员对生产经营单位进行检查时，对检查的时间、地点、内容、发现的问题及处理情况作出的书面记录，是日常安全生产行政执法过程中使用频率最高的文书之一。

二、文书制作说明

（1）检查场所。应当注明场所名称，如××库房、××单位经营场所尽量详写，以达到第三方角度能够"锁定"某个场所的程度。

（2）检查时间。应当具体到检查的年、月、日、时、分。

（3）检查情况。应当按照检查过程记录检查的内容、方法、结果及与违法活动有关的其他情况。检查情况记录应当客观、全面、准确。所谓客观，是指如实记载检查人员在现场观察到的实际情况，反映其客观的原始状态，检查人员的分析、判断、推理等，不应记入笔录。涉及专业性检查时，应当使用专业性的规范用语。全面，笔录应当力求全面反映检查情况，凡是对案件有意义的情况需全面收集并予记录，对关键细节应当详细记录，其他情况可以简述。文字表述应当做到准确、客观，不用模棱两可的词句，一般不用形容词。对于检查发现的问题，应有法律、法规、规章，国家标准、行业标准及规程等依据。

三、文书制作注意事项

《现场检查记录》制作完毕后，由被检查单位现场负责人签收。原则上要求该负责人签署"以上情况属实"的意见。被检查单位的负责人拒绝签字的,行政执法人员应当将情况记录在案,并向其所在应急管理部门有关负责人报告。

例文评析

安全生产行政执法文书

现场检查记录

(×)应急检记〔2020〕100 号

被检查单位:××县××水产有限责任公司

地址:××县海滨路

法定代表人(负责人):赵××　职务:董事长　联系电话:123456789

检查场所:办公室(安全生产基础资料)

检查时间:2020 年 11 月 19 日 14 时 32 分至 11 月 19 日 16 时 17 分

　　我们是××海洋生态文明综合试验区应急管理局行政执法人员朱××、李××,证件号码为15061224009、15061224025,这是我们的证件(出示证件)。现依法对你单位进行现场检查,请予以配合。

　　检查情况:依据《中华人民共和国安全生产法》第六十二条规定和区局年度监督检查计划要求,当日执法人员朱安庆、李杰对企业进行了双随机执法检查,该企业人员袁爱娜陪同检查,情况如下:1.企业已经按规定编制应急预案并进行演练;2.企业已建立安全生产标准化;3.企业已建立安全生产风险分级管控,已开展隐患排查治理;4.企业已建立安全生产管理制度;5.企业已建立安全投入台账;6.企业已设置安全生产管理小组;7.企业主要负责人.安全管理人员和特种作业人员持证上岗;8.企业按要求开展全员培训;9.企业已建立岗位操作规程;10.企业已对应急救援器材进行维护保养。(以下空白)

检查人员(签名):

被检查单位现场负责人(签名):

　　　　　　　　　　　　　　　　　　　　　　　　年　　月　　日

共 1 页　第 1 页

【评析】该现场检查记录结构完整,内容齐全。

任务实施

一、环境要求

可选择模拟办公室或多媒体教室等场所进行,备好纸、笔,配备计算机、投影仪等设备,最好每名学生配备一台计算机进行上机写作。

二、实施步骤

第一步,通过网络查阅现场检查记录的相关材料;第二步,分组讨论该现场检查记录制作的内容要点,主要包括内容、方法、结果及与违法活动有关的其他情况等;第三步,每人执笔或上机,写作初稿;第四步,不同小组间组员相互修改并签名;第五步,选取学生作品在多媒体上展示,师生共同点评。

巩固提升

请同学们与学校相关部门协调,对你校进行仔细的安全检查,拟写一份安全现场检查记录。

任务三　现场处理措施决定书

学习目标

（1）了解现场处理措施决定书的含义和作用。

（2）掌握现场处理措施决定书的制作方法和要求。

（3）能根据任务要求，规范地制作现场处理措施决定书。

情景任务

小赵是某安全生产监督管理部门新进大学毕业生，在参加对××建筑公司的安全生产检查过程中，发现存在很多事故隐患和违法行为。假如你是小赵，请你制作一份《现场处理措施决定书》。

知识链接

一、基础知识

《现场处理措施决定书》是应急管理部门在监督检查中，对生产经营单位存在的安全生产违法行为或者事故隐患，依法作出现场处理决定而使用的文书。

二、文书制作说明

（1）使用范围。可以针对当场纠正，责令立即排查事故隐患，责令从危险区域内撤出作业人员，责令暂时停产停业或者停止使用相关设施、设备等多种决定使用。

（2）依据。作出现场处理决定，应当有法律法规规定，并在文书中载明所引用的条款。

三、与其他文书的区别

（1）与《责令限期整改指令书》区别。《责令限期整改指令书》主要适用于责令限期改正、责令限期达到要求、责令限期治理等情形。

（2）与《查封扣押决定书》的区别。《查封扣押决定书》主要适用于查封、扣押等行政强制措施。

（3）对于责令从危险区域内撤出作业人员，责令暂时停产停业或者停止使用相关设施、设备的，生产经营单位提出复查申请或者整改、治理限期届满的，应急管理部门应当自申请或者期限届满之日起10日内进行复查，填写复查意见书，由被复查单位和应急管理部门复查人员签名后存档。

四、文书制作注意事项

对安全生产违法行为或者事故隐患应当分别填写清楚,并与处理措施对应,不能漏项。

例文评析

安全生产行政执法文书

现场处理措施决定书

(X)应急现决〔2021〕17 号

××县×花炮制造有限公司:

本机关于 2021 年 11 月 25 日现场检查时,发现你单位有下列违法违规行为和事故隐患:

1. 主要负责人未履行职责未在岗,门卫值守脱岗大门未关;
2. 视频监控回放关键工房视频失效无显示。(此栏不够,可另附页)

以上存在的问题无法保证安全生产,依据《安全生产违法行政处罚办法》第十四条的规定,现作出如下现场处理决定:

1. 组织全厂员工学习安全生产法以及相关法律法规;
2. 一级工序停产整顿(2021 年 11 月 27 日—2021 年 12 月 1 日)。

如果不服本决定,你(单位)可以依法在 60 日内向××县人民政府或者××市应急管理局申请行政复议,或者在 6 个月内依法向××区人民法院提起行政诉讼,但本决定不停止执行,法律另有规定的除外。

安全生产行政执法人员(签名):　　　　　　　证号:×××××××××

　　　　　　　　　　　　　　　　　　　　　证号:×××××××××

被检查单位负责人(签名):

　　　　　　　　　　　　　　　　　　　××乡应急管理办(印章)

　　　　　　　　　　　　　　　　　　　2021 年 11 月 25 日

本文书一式两份:一份由应急管理部门备案,一份交被检查单位。

【评析】该现场处理措施决定书结构完整。标题,文号、称谓、正文和落款均齐全,正文内容翔实,列出在现场发现的问题、现场处理决定和交代了不服处理决定的做法等。

任务实施

一、环境要求

可选择模拟办公室或多媒体教室等场所进行,备好纸、笔,配备计算机、投影仪等设备,最好每名学生配备一台计算机进行上机写作。

二、实施步骤

第一步,通过网络查阅现场处理措施决定书的相关材料;第二步,分组讨论该现场处理措施决定书写作的内容要点,主要包括安全生产违法行及处理措施等;第三步,每人执笔或上机,写作初稿;第四步,不同小组间组员相互修改并签名;第五步,选取学生作品在多媒体上展示,师生共同点评。

巩固提升

××市安全生产监督管理局对辖区的××有限公司进行安全检查,发现该公司存在纺纱车间工人未按规定佩戴口罩、清花车间安全疏散通道被棉包堵塞等违法违规行为,决定对其作出现场处理决定,并责令该公司对存在的违法违规行为和事故隐患进行限期整改。

请你为××市安全生产监督管理局拟写《现场处理措施决定书》。

任务四　整改复查意见书

学习目标

(1)了解整改复查意见书的含义和作用。

(2)掌握整改复查意见书的制作方法和要求作要求。

(3)能根据任务要求,规范地制作整改复查意见书。

情景任务

小赵是某安全生产监督管理部门新进大学毕业生,在参加对××建筑公司的安全生产检查后,对该公司存在的违法行为出具了《现场处理措施决定书》,该公司及时进行了整改。假如你是小赵,在复查后,请你出具一份《整改复查意见书》。

知识链接

一、基础知识

《整改复查意见书》是应急管理部门下达《责令限期整改指令书》《现场处理措施决定书》等文书后,对生产经营单位整改情况进行复查,对复查情况进行记录的文书。

二、文书制作说明

(1)使用范围。可以针对《责令限期整改指令书》《现场处理措施决定书》《行政处罚决定书》下达后需要进行复查等多种情况使用。

(2)复查事项。要注明复查事项,并规范填写责令限期整改指令书、现场处理措施决定书等相关文书的编号。

(3)复查意见。对于已经完成整改的,应当填写复查时(当日),并注明已完成整改的客观情况。未完成整改的,复查情况表述应有法律法规或者标准规范依据,表述文字应紧扣相关法律法规法律责任(罚则)条文具体描述。

复查结果应当与复查事项所涉及的问题相对应。

三、文书制作注意事项

(1)《整改复查意见书》应当与《责令限期整改指令书》《现场处理措施决定书》等文书相衔接,涉及的整改复查事项应当与《责令限期整改指令书》《现场处理措施决定书》等文书的事项一致。

(2)《整改复查意见书》应当描述准确、具体。对于已完成整改的,应当注明已完成整改;对于没有完成整改的,应当注明情况,对复查发现的新存在的问题,应当详细列明,并依法及时采取相关处置措施。

（3）《整改复查意见书》应当明确复查意见仅限于复查当日的现场状况。

（4）整改复查意见表述应当准确、客观，不得表述为"完全整改完毕""基本整改完毕"等字样。

（5）《整改复查意见书》应当加盖应急管理部门印章。

（6）送达一般应当由被复查单位负责人在文书上签名，其他人代收的，参照本《手册》行政处罚送达要求执行。

例文评析

安全生产行政执法文书
整改复查意见书

（ X ）应急复查〔2022〕3 号

    XXXX科技有限公司   ：

    本机关于 2022 年 2 月 10 日作出了 责令限期改正 的决定（（X）应急责改〔2022〕第（3）号），经对你单位整改情况进行复查，提出如下意见：

    复查当日，你单位：

一车间：

1. 车间内行车吊钩已安装保险扣；

2. 配电箱空开已张贴标识，部分配电箱一开多控已整改完毕；

3. 空气储罐压力表已按规定检测，空气储罐安全阀及压力表已按规定检测；

二车间：

4. 氧气瓶存放区已按规定安装防倒链。

被复查单位负责人（签名）：_____

安全生产行政执法人员（签名）：_____ 证号：_____

_____ 证号：_____

应急管理部门（印章）

2022 年 3 月 1 日

本文书一式两份：一份由应急管理部门备案，一份交被复查单位。

【评析】该整改复查意见书全文结构齐全,语句言简意赅。整改复查意见一条条列出后,井然有序又针对性强。

任务实施

一、环境要求

可选择模拟办公室或多媒体教室等场所进行,备好纸、笔,配备计算机、投影仪等设备,最好每名学生配备一台计算机进行上机写作。

二、实施步骤

第一步,通过网络查阅整改复查意见书的相关材料;第二步,分组讨论该整改复查意见书写作的内容要点,主要包括复查事项、复查意见等;第三步,每人执笔或上机,写作初稿;第四步,不同小组间组员相互修改并签名;第五步,选取学生作品在多媒体上展示,师生共同点评。

巩固提升

请查阅资料,收集安全生产行政执法文书式样,并讨论各种安全生产行政执法文书的适用范围、制作方法及要求。

模块六　文书管理

📖 模块要点

本模块由收文处理、发文处理、文书归档三个文书管理任务构成。通过任务训练,旨在使学生了解文书管理的方法、程序与技巧,能够在实际工作中规范地开展文书管理工作。培养学生规范化、标准化的工作态度与习惯,逐步具备组织管理者的宏观意识。

🔔 **重点**

收文处理、发文处理、文书归档等文书管理方法。

🔔 **难点**

收文处理、发文处理、文书归档的程序与要求。

任务一 收文处理

学习目标

(1)了解收文处理的过程。

(2)掌握收文处理的方法。

(3)能根据任务要求,完成收文处理工作。

情景任务

新华区某公司接到区政府办公室关于开展全区卫生大检查的通知(区办通字〔2007〕39号),请模拟收到该公文后的办理过程。

知识链接

一、基础知识

收文处理是指机构伴随公务活动收受外单位发来的文件并对其进行运转和办理的过程。收文处理过程就是一个由各种工作环节组成的动态工作系统,各工作环节之间环环相扣、紧密衔接。科学地设计和组织这些环节,直接影响着收文处理的效率。

二、收文处理工作程序

收文处理主要的工作程序包括签收、登记、审核、分送、传阅、拟办、批办、承办、催办、注办、归档等环节。

(一)签收

签收就是单位文秘人员收到文件材料后,在对方的传递文书单或送文登记簿(见表)签字,以表示文书收到。目的是明确交接双方的责任,保证公文运转的安全可靠。

签收的具体操作步骤如下:

(1)清点。

清点就是检查、核对所收公文的件数是否与传递文书单或送文登记簿登记的件数相符。

(2)检查。

检查就是核对所收公文封套上注明的收文机关、收件人是否确与本机关相符,核对封套编号是否与传递文书单或送文登记簿的登记相符,检查公文包装是否有破损、开封等问题。如有错误,要及时退回,如有包装破损、开封等现象要及时查明原因。

（3）签字。

签字就是经清点、检查无误后，在传递文书单或送文登记簿上签署收件人姓名和收到日期。应该签写收件人的全名，并写上收到的时间，普通件注上收到的年、月、日即可，急件则要注上收到的年、月、日、时、分，以备事后查考。签字一定要清晰、工整。

（二）登记

登记就是对收进的文件在收文登记簿（见表）上编号和记载文件的来源、去向，以保证文件的收受和处理。目的是便于对收文数量进行统计以及今后的查考利用。登记是文书工作中的一项重要环节和程序。

1. 收文登记的方法

根据具体情况采用总登记或分类登记的方法。总登记适用于收文数量较少的单位，即把所有收到的文件按年度、按收文时间先后编流水号登记；分类登记适用于文件量多的单位，即对所有收到的文件先分类别，可以按文件的来源分，也可以按文件的内容分，然后在各类别内再编流水号登记。

2. 收文登记的具体要求

收文登记是一项十分烦琐而细致的工作，在登记中，文书人员应认真负责，一丝不苟。要做到以下几点：

（1）登记时不能漏项，能在登记时完成的项目，应当即填上，需要后补的，应及时补上。

（2）在填写收文号时不要空号、重号。

（3）登记项目不可任意删减。

（4）书写时，字迹要工整、规范，不得随意涂抹，使用钢笔和签字笔。

（5）分清轻重缓急。如果收文较多，那么先登记急件和重要件，一般件稍后处理。

（三）审核

审核即在收到下级机关上报的需要办理的公文时，由文书部门对公文的内容、行文规则、文种的使用等项进行的审查核对工作，看其是否规范。这一环节是针对下级来文所设置的，目的是把好上行文的质量关。

审核的重点包括：是否应由本机关办理；是否符合行文规则；内容是否符合国家法律、法规及其他有关规定；涉及其他部门或地区职权的事项是否已协商、会签；文种使用、公文格式是否规范。

（四）分送

分送也称分发或分办，是指文秘人员在文件登记后，按照文件的内容、性质和办理要求，及时、准确地将收文分送有关领导、有关部门和承办人员阅办。

分送工作的原则和要求如下：

（1）已有明确业务分工的文件，根据本单位的主管工作范围分送到有关的领导人和主管部门。

（2）来文单位答复本单位询问的文件,如收到的批复、复函或情况报告、报表等,要按本单位原发文的承办部门或主管人分送,即原来是哪个部门请示、询问或要求下级报送的,复文就送哪个部门办理。

（3）分送文件要建立并执行登记交接制度。无论是分送给本单位领导人和各部门的文件,还是转发给外单位的文件,都要履行签收手续。

（4）要求退回归档的文件,要在文件上注明"阅后请退回归档"字样,以便及时收回,防止散失。

（五）传阅

传阅即有关人员在工作职责范围内传递阅读文件。需要传阅的文件有两种情况:一是文件经主要领导批办后需要其他副职领导或有关人员传阅,以掌握文件精神和主要领导的批示意见;二是来文属于抄送件,不需要特别办理,只要求有关单位、部门和人员了解的,收文后,文秘人员将文件直接送有关部门和人员传阅。

传阅文件的要求:

（1）有密级的文件,应严格按照保密工作的要求做好文件保密工作,即按不同的密级要求限定传阅范围。

（2）传阅文件要有时间限制,尤其对有办理时限要求的文件,更要严格控制好传阅时间。

（3）文件传阅完毕必须及时交还给办公室保管,不得随意存放在个人手中。

（4）每份传阅文件,都要由文书部门在文件首页附上文件传阅单。凡传阅人员都要在文件传阅单上签注姓名和日期。

（六）拟办

拟办是文秘人员对收文应如何办理所提出的初步意见,以供领导批办时参考。

拟办的意见,是一种参谋性意见或建议,协助领导及时、有效地处理文件,为领导节省时间和精力,提高办文效率。文秘人员提出的拟办意见,要抓住中心,有针对性,考虑全面,切实可行,文字表述要简明精练。

1. 拟办的范围

需要注意的是,不是所有的收文都要写拟办意见,只是那些除了阅知之外,还需要具体处理的文件,才需要写拟办意见,其范围包括:

（1）上级机关主送给本机关需要贯彻落实的文件;

（2）机关直属各部门主送本机关的请示性或建议性文件、重要计划、方案、财务预决算等;

（3）下级机关主送给本机关的请求性文件;

（4）平级机关和不相隶属机关主送本机关的商洽性,涉及重要答复和共同研究协作等问题的文件;

（5）其他需要贯彻和承办的文件。

2. 拟办的要求

拟定拟办意见的人应当熟悉党的方针政策和国家的法律法规,熟悉本机关的情况,熟悉各个部门的业务范围和相互关系,了解各个重要事项的办理程序和处理重要业务的有关规定,在提出拟办意见时,要全面考虑,使之科学、合理。并且做到简明扼要。同时将拟办意见写在文件处理单"拟办意见"一栏内。

(七)批办

批办是领导人对文件如何办理提出最终的批示意见和要求。批办通常由单位主要负责人对来文作出批示,这是领导人参与公文处理的重要环节,是领导人行使其职权的过程,也是收文办理中最重要的程序,它决定了文件的最终处理要求,是决策性的办文环节。

批办文件,要求单位领导人认真阅读文件,琢磨拟办意见,提出原则批示意见。批示中要给文件承办部门指明办理原则、应注意的问题和办理要求,做到表态明朗、词义明确,并将批办内容写在文件处理单"批示意见"一栏内。

(八)承办

承办一般指贯彻落实文件精神和要求,按领导人批示执行具体的工作任务,办理有关事宜的过程。

承办应严格遵循以下要求:

1. 确认承办范围

部门(人员)接到收文后,首先要确认是否属于自己的承办范围,对不属于本单位职权范围或者不宜由本单位办理的公文,应当及时退回交办的文秘部门,并说明理由。

通常需承办的公文有:

(1)上级机关或本机关的方针、政策性文件,有的需向下传达贯彻,有的在本机关内部执行。

(2)上级领导交办的事项或需要办复的公文。

(3)来自下级机关的请示或重要的报告。

(4)平行机关或其他不相隶属机关要求协作的函电、合同等。

(5)人大代表的议案、建议和政协委员的提案。

2. 按批办意见办理

承办部门(人员)收到交办的公文后,应认真阅读,掌握公文内容、发文意图及领导的批示意见,按照批办意见认真组织办理,不得自行其是,或者寻找理由推诿。但当遇到批办意见与实际情况不一致,或随机出现了新情况而不能按批办意见执行时,可以请示后按批示意见办理;情况紧急的,可在一定的条件下,采取相应措施。两个或两个以上部门联合办理公文时,被定为牵头单位者,应担负起主办责任,并负责将有关单位提出的意见归纳整理,报请本单位领导审批。协办单位要积极配合,不得借故推诿。

3. 及时快捷办理公文

任何公文都具有时效性,对需要承办,而本身没有明确规定办理时限的公文,承办人员应根据公文的性质与重要程度及以往惯例,确定办理的时限;对于紧急公文,应当按时限要求办理,确有困难的,应当及时予以说明。通常,特急件应随到随办。尽快在当时或在一日之内办理完毕;急件原则上也是随到随办,最迟不超过三天;对于限时完成的公文,在限定的时间范围内必须办理完毕,不能延续。

4. 依据规章办理公文

承办者应遵循有关的方针政策、法律法规,依据惯例及实际情况办理公文。同时,承办工作要实行岗位责任制,对公文承办人员要明确职责,提出具体的要求与指标,做到目标明确、各司其职、权责相符、赏罚分明,以保证承办工作准确、及时、安全。凡被指定为牵头单位者,具有主办责任,但不得独自行事,而应在法定职权范围内召集会议,组织协调,并负责将有关单位提出的意见归纳整理,拟写办理意见。

5. 签注公文的承办结果

为了日后查考公文承办的过程、方式、结果以及承办的责任者,便于维护正常的承办工作秩序,防止出现重复办文的现象,须简要注明公文的办理经过与结果,包括发文承办的,注明复文号、复文日期;会议承办的,注明会议名称、会议时间、议定事项;电话回复的,注明时间、地点、人员、主要内容;当面解决的,注明时间、地点、解决方式方法,措施与结果等。

在公文办理完毕之后,承办人员应清晰、工整地在文件处理单"处理结果"一栏内填写承办的经过与结果,并应填写承办人姓名与日期,以备日后查询。

(九)催办

催办即文书人员或有关部门对需要承办的文件进行检查督促的工作。它是公文处理中一项必要的制度和必不可少的环节,是解决文件积压和延误,加快公文运转的有效措施。

1. 催办的范围

(1)上级机关来文要求及时回复的。

(2)平级机关与本机关联系工作、商洽事务需要复文的。

(3)下级机关送本机关的请示需要批复的等。

2. 催办的形式

(1)电话催办。

电话是现代社会最普遍的交通联络工具,因此电话催办是最便捷的催办方式,对内催办多用电话催督检查,有时对外催办也用此种方式。

采用电话催办比较方便灵活,可以节省时间,催办速度也快,但只能靠接话人汇报,不能发现文件处理中的复杂问题。

(2)信函催办。

信函是一种古老的通信联络方式。对于外部和比较复杂的催办工作,往往用信函的方式进行。其优点是,采用信函方式催办,不受通话时间的限制,可以讲清情况,有利于承办人及其领导传阅。

缺点是,往来信函不论是写作还是传递,都要耗费大量时间,速度比较慢。

(3)催办卡催办。

有时催办人可以利用催办卡(单)进行催办。即在事先印好的催办卡(单)上,填写有关项目,催促有关机关、单位尽快办文。它比催办信函写起来省时、省力,但邮寄起来同信函一样慢。

(4)登门催办。

登门催办,即催办人亲自到承办部门、机关、单位进行催办。这种催办的好处是,催办人深入基层、深入实际,在同承办人交谈中,可以发现不少问题,便于帮助承办人解决一些具体困难和实际问题,催办的实际效果较好。但如果催办的任务多、催办人员少,往往不容易做到。

(5)会议催办。

即通过汇报会的方式进行催办。在催办人员少、催办任务重的情况下,可以采用这种方式。采用会议催办的方式,催办人把承办人,甚至把承办单位的主管负责人请来,让他们汇报办文情况,这样可以及时发现问题,彼此交流情况,总结推广承办经验,是一种较好的催办方式。

但确有必要时才能采用这种催办方式,不然就会给承办人增加负担。

(6)简报催办。

一些大机关不定期发简报,用于沟通情况,交流信息。催办人员也可以利用机关简报,定期或不定期地公布各部门、各单位的办文情况,对久拖不办的部门单位进行适当批评,对办文速度快、质量高的部门单位加以表扬,甚至总结推广办文经验,都可以起到催办的作用。

3. 催办的要求

催办工作应做到,紧急公文跟踪催办,重要公文重点催办,一般公文定期催办,并随时或者定期向行领导反馈办理情况。

(1)对有明确办理时限的批办件,催办部门应在到期前3个工作日就未办理完毕批办件的承办部门发送催办单,提醒承办部门按时办结。

(2)对未明确办理时限的批办件,催办部门应根据情况的轻重缓急,不定期发送催办单或电话催办。

(3)催办部门应定期向领导报告催办结果,写明催办公文运行的具体环节,每个环节的完成情况及时间,未及时办出的原因等。

(4)催办应有工作记录,通过发催办单催办的,应留存工作底单;通过电话催办的,应备有电话记录。

(十)注办

由文件承办部门或承办人员在公文办理完毕后对文件的办理情况和办理结果所作的说明。这项工作应由承办部门或承办人完成。承办完毕后,将情况和结果填写在文件处理单"处理结果"一栏内。

公文注办一般包括以下内容:

（1）一般的传阅文件，在有关人员传阅完毕后，文书人员应注明阅毕的日期。

（2）需要办理复文的文件，办理完后要注明"已复文"，并注上复文的日期和文号。

（3）用口头或电话答复的要注明时间、地点、接谈或接话人、主要内容等，并由承办人签字。

（4）不需要复文的文件要注明"已办""已阅""已摘记"等字样。

（十一）归档

归档就是指文书处理部门将办理完毕的、具有保存价值的文件立卷，向单位档案室移交；将无保存价值的文件按规定销毁。

按照有关规定和实际情况，公文立卷归档的范围是：

（1）本机关发文。本机关对外的正式发文，如命令、决定、公告、通告、通知、通报、议案、报告、请示、批复、意见、函、会议纪要等。

（2）本机关收文。包括上级机关发来的与本机关主管业务有关的各类公文；下级机关报送的各种报告、请示等；同级机关和非隶属机关颁发的非本机关主管业务但需要贯彻执行的文件。

在准确掌握公文立卷归档的范围的同时，还要准确把握不归档的公文范围，这样既有助于保证档案的精确性，又便于档案的有效管理，提高工作效率。按照国家档案局有关规定，不应当立卷归档的公文材料包括：

（1）重份文件。同一份文件，除特别重要的文件可保留多份外，其他的只需保留一份。

（2）无查考利用价值的事务性、临时性文件。

（3）未成文的草稿和一般性文件的修改稿。

（4）与本机关业务无关的文件材料。

（5）内容被其他文件包括了的文件材料。

（6）对于不需要立卷的文件资料应及时销毁或移交印发机关。

以上十一个环节不是所有的收文工作中必须进行的。上行文、下行文、平行文在收文处理时进行的环节或多或少并不是完全相同的。

任务实施

学生模拟秘书人员进行收文办理的工作，然后由任课教师进行评价。

由学生扮演秘书角色进行下面几个步骤：

步骤一：秘书在收文登记表上登记，在公文首页附上文件传阅卡。

步骤二：秘书将文件交办公室主任阅视，办公室主任提出拟办意见。

步骤三：根据办公室主任意见，秘书将文件送单位相关主管领导同志阅视，该领导同志签署意见。

步骤四：根据主管领导意见，秘书将文件送单位主要负责人阅视，或者交相关职能部门具体办理。

步骤五：将文件交职能部门时，秘书应要求职能部门接收人在登记本上签字。

步骤六：职能部门将该工作办理完毕后，应将该文件交专人保存，年终时统一交单位档案室存档。

巩固提升

一、收文处理情景模拟

××有限责任公司是一家生产计算机芯片的企业。公司在发展业务的同时，还建立了与生产规模相适应的组织机构体系，形成了一套严明的规章制度和办事程序。公司现设机构如图 6-1 所示。

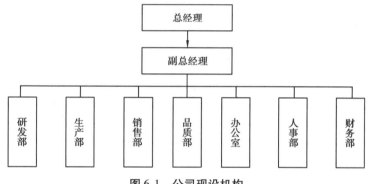

图 6-1 公司现设机构

王秘书的工作部门是办公室，每天上班，她首先处理公司的文件，根据不同情况进行相应办理，并进行登记、分发等收文工作。

这天，王秘书收到几份文件，其中一份是市质量技术监督局送来的公文，内容是通知全市将要开展产品质量专项整治行动和全面普查建档工作，质监局副局长将率相关工作人员前往各企业、工厂进行巡查调研，要求公司领导和生产部、品质部负责人陪同。王秘书立即开始对收文进行处理。

王秘书拿出《收文登记簿》，将此份文件按照有关要求进行了登记，并取出《收文处理单》，按内容进行了填写。再将《收文处理单》与该文件夹在一起，交给办公室主任。办公室主任仔细看了该文件，提出"请总经理批示"的拟办意见，王秘书再将文件拿到总经理办公室。总经理阅读文件后，给予批办意见：

"请副总经理负责，生产部经理和品质部经理协助，共同做好各项准备工作。"总经理让王秘书将这份文件和办理意见传达给副总经理。

王秘书将总经理批示的文件送到副总经理处，副总经理看了文件之后，对批办意见进行了具体承办。为落实各项准备工作，副总经理召开了管理层全体会议，要求生产部和品质部共同协助，迎接产品质疑专项整治行动和全面普查建档工作组的到来，开展有关工作。并对加强质疑管理，提高产品质量，迎接巡查和抽查的各项任务与工作进行了布置，决定在各个部门开展相应的宣传活动和动员工作。要求各部门首先进行自查，明天将自查情况向副总经理汇报。

办公室准备明天进行催办,王秘书准备催办通知单。

在各项工作落实完毕之后,王秘书进行了注办。在《收文处理单》上,写清该文件的处理情况:"该文件已批办,由副总经理负责,生产部经理和品质部经理协助。"的字样并填好日期,和原文件一起按要求进行归档。

二、模拟要求

(1)每个小组分别制作文件处理单、收文登记簿、发文登记簿、发文稿纸和催办单等表格,讨论并分别撰写一份收文演示方案和会议发言稿。

(2)根据上述内容,按场景顺序模拟演示收文的各个环节。

三、说明

(1)实训分组进行,每组学生6人,分别扮演总经理、副总经理、办公室主任、生产部经理、品质部经理、王秘书等角色。

(2)在演示前准备所需要的文书材料及相应的办公用具。要使用文件处理单、收文登记簿和催办单等表格。

任务二　发文处理

学习目标

（1）了解发文处理的过程。

（2）掌握发文处理的工作要求。

（3）能根据任务要求，完成要求公文的制发工作。

情景任务

2022年10月，我系刘某等3名同学获得院级"三好学生"的称号，为此我系领导签批了一份表彰通报，号召全系向他们学习。如果你是秘书，请完成这份通报的制发工作。

知识链接

一、基础知识

社会组织根据实际情况，认为有必要通过行文解决问题，或对收文进行回复、批转，需要制作和制发文件，以实现上情下达、下情上报及左右联系沟通。

发文处理是机关文书处理工作的一个重要组成部分，指以本机关名义制发公文的过程。包括草拟、审核、签发、复核、缮印、用印、登记、分发等程序。

二、发文处理流程

（一）草拟

草拟也称拟稿，起草公文。草拟是形成文件的首要环节，这个环节的工作比较复杂，所花费的时间、精力相对较多，是一项创造性的脑力劳动。

1. 拟稿的承担者

机关办公部门秘书人员的主要工作职责之一就是拟稿，主要负责整个机关的综合性文件的拟稿环节。机关的各个业务部门，也经常有拟写文件的需要。

2. 拟稿的步骤

首先，领导交拟，明确主旨。交拟可以是领导以口头的形式把任务交给有关拟稿人，也可以是以批示的形式提出拟稿要求。在这个过程中，应该明确所拟文稿的主旨即主题。

其次，了解情况，选取材料。

再次,全面构思,编列提纲。

最后,拟写正文。

3. 草拟公文应注意的事项

(1)符合国家的法律、法规及股份公司等的有关规定。

(2)情况确实,观点明确,表述准确,结构严谨,条理清楚,直述不曲,字词规范,标点正确,篇幅力求简短。

(3)公文的文种应当根据行文目的、发文单位的性质、职权和与主送单位的行文关系确定。

(4)拟制紧急公文,应当体现紧急的原因,并根据实际需要确定紧急程度。

(5)人名、地名、数字、引文准确。引用公文应当先引用标题,后引发文字号。引用外文应当注明中文含义。日期应当写明具体的年、月、日。

(6)结构层次序数,第一层为"一、",第二层为"(一)",第三层为"1.",第四层为"(1)"。

(7)应当使用国家法定计量单位。

(8)文内使用非规范化简称,应当先用全称并注明简称。使用国际组织外文名称或其缩写形式,应当在第一次出现时注明准确的中文译名。

(9)公文中的数字,除成文日期、部分结构层次序数和在词、词组、惯用语、缩略语、具有修辞色彩语句中作为词素的数字必须使用汉字外,应当使用阿拉伯数字。

拟制公文,对涉及其他部门职权范围内的事项,主办部门应主动与有关部门协商,取得一致意见后方可行文;如有分歧,主办部门的主要负责人应当出面协商,仍不能达成一致时,主办部门可以列明各方理据,提出建设性意见,并与有关部门会签后报请上级负责人裁定。

公文在草拟初稿之后,还需要对稿子进行审核,于是就进入下一个发文处理程序即审核环节。

(二)审核

审核,就是在草拟的文稿送交领导签发之前,对其所做的全面审核和修改。

1. 审核的内容

公文送负责人签发前,应由办公室进行审核。审核的重点是:是否确需行文,行文方式是否妥当,是否符合行文规则和拟制公文的有关要求,公文格式是否符合《国家行政机关公文处理办法》的规定等。在实际工作中,人们把公文审核的重点归纳为"六查"或"把六关",即行文关、政策关、落实关、文字关、程序关、体式关。

(1)行文关。即审核时先考虑是否需要行文。比如,属于可发可不发的文件就坚决不发;凡可用电话、传真方式解决的,就不再发文件;凡可用部门文件名义发的就不用公司文件名义发等,减少不必要的行文,维护公文的严肃性和权威性。

(2)政策关。即审核公文内容是否符合党和国家的方针、政策、法令、法规。

(3)落实关。即审查文中所提要求和措施是否明确具体、切实可行,审查是否符合实际情况,是否能解决实际问题等。

(4)文字关。即审核公文的结构和文字表述是否清晰、准确、简练、通顺,语法、逻辑、标点是否正确恰当,有无错字、漏字,还要注意核实引文、数字、时间、人名、地名等,力求准确无误等。

(5)程序关。审核公文处理的各个程序是否符合规定的要求,有否错漏。如公文处理中该经过的环节是否送到,该会签的文件是否已经会签,应经过有关领导过目的是否已经过目等。

(6)体式关。审核公文所使用的文种是否恰当,包括所运用的公文用语是否和文种相吻合。审核公文格式是否规范,各个项目如标题、主送机关、抄送机关、机密程度、主题词等是否符合规定等。

2.审核的步骤

以机关名义发出的文件如果由业务部门拟稿,其审核的步骤一般应该是:由业务部门负责人先审核,然后送办公室审核,然后是签发领导人终审。

办公室核稿通常由办公室秘书人员承担。主要由于秘书人员工作的岗位在综合职能部门,看问题能从机关工作全面着眼综合考虑,往往对领导的意图领会得更透彻些,对文稿内容把握更全面、更准确。另外,秘书人员的职业特点决定了他们对文稿的文字表述、语法逻辑、办文程序、体式结构的把握比较擅长。

如果发的文件是以部门名义发的,文稿一般无须办公室审核,可由本部门负责人审核认可后签发。

3.对不符合要求文稿的具体处理

(1)秘书人员自己修改。

(2)秘书人员请拟稿人来一起改。

(3)退回拟稿部门处理。

(三)签发

以本单位名义制发的上行文,由主要负责人或主持工作的负责人签发;以本单位名义制发的下行文或平行文,由主要负责人或主要负责人授权的其他负责人签发。

(四)复核

公文正式印制前,应当进行复核,重点是:审批、签发手续是否完备,附件材料是否齐全,格式是否统一、规范等。经复核需要对文稿进行实质性修改的,应按程序复审。

(五)缮印

文件缮印是把经领导签发的定稿,按一定的格式制成正式文件。

缮印的方法:可采用打印和复印的方式。

印制的步骤:

(1)打印校样。先对原稿打印,在此基础上制出校样供校对人员校核在打印过程中是否有与原稿不符的地方,以保证印制过程的质量,文件打印应使用正确的格式、字体、字号等。

(2)校对校样。根据定稿,对文件校样核对校正的工作环节。

(3)印刷和装订。如没有印刷设备,可通过打印机和复印机操作。一般在左侧装订,具体规格参见 1999 年 2 月 27 日颁布的《国家行政机关公文格式》。装订时应注意不缺页、不多页、不颠倒。

（六）用印

用印，是指在需要用印的文件上加盖机关公章。

印章是机关职权的重要凭证，文件经加盖印章，就表示发文机关对发文的认可，文件即具有法定的效力。因此，盖印程序是一个严肃、细致的工作环节。

公文用印的原则：一是不出现空白印章，即印章必须压盖在成文日期上；二是盖章时务必使印章与正文同处一面，有些情况下应通过技术处理，避免用印的一页出现无正文现象，不得采取"此页无正文"的方法处理。

印章应为红色，用印应端正清晰。印发件与签发原件均应加盖印章。

（七）登记

登记就是公文制作完后对其进行发文登记。

发文登记与收文登记相类似，只是文件运行的方向相反。发文登记，可以便于对本机关发出的文件进行查找、处理和统计等。

为了便于登记和管理，发文登记主要采用簿式。发文登记的项目有发文日期、发文字号、发往机关、文件标题、签发人、经办人、归档卷号、备注等。各单位可以根据实际情况，增加或减少项目。

（八）分发

分发就是把已制成的文件装封后发出。分发的对象按照主送单位、抄送单位分别发出。急件要用快递邮寄。分发要准确无误，可填写"文件分发总登记表"，以便查阅。邮寄快件可填写"邮寄快件登记表"。

任务实施

任课老师扮演领导角色，学生分工承担不同角色。相互协作共同完成撰稿、审稿、签发、复核、善印、校对、盖章、登记、分发等工作程序。最后任课老师点评。参考图 6-2 所示的发文流程图。

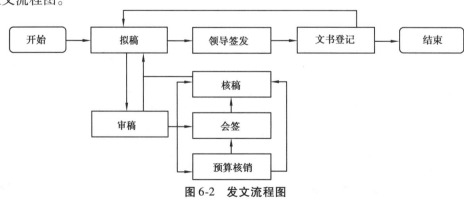

图 6-2　发文流程图

巩固提升

一、发文处理情景模拟

××有限责任公司为了更好地发展业务,决议在新年到来之际在南京金陵饭店召开2022年订货会议,责成销售部负责此项工作。

销售部经理会后立即着手安排有关工作,要求办公室文员小杨起草有关文件。经理与有关方面联系后,确定了会议的有关事项,向小杨布置工作:于2021年12月20日前发出2022年订货函,会期3天,2022年1月8日报到,报到地点在南京金陵饭店大厅。请各地的供销商前来参加会议,会务费自理。并拟写一封函,告知有关活动事项。

小杨用记事本将经理的话记录下来,回到办公室拟写函。完成了初稿的撰拟工作后,小杨将函写在统一的发文稿纸上,交给了销售部经理审核。经理对函的内容、要求、文字表述等方面进行了审核和修改,并签了字。小杨将审核稿再交给副总经理签发,副总经理审核后签字同意发出。

文件签发后,小杨对文件进行了注发编号,将编号写在发文稿纸的相应栏内,打印份数为500。然后又将这封函再检查了一遍,确认无误后,把发文稿拿到文印室交给打字员打印成正稿,并校对文稿。随后,小杨将打印好的函从文印室取回,逐一加盖单位公章,并在《发文登记簿》上填写好内容,分别将每封函用信封装好并封口。通过邮局分发给各地的供销商,同时还保留了一封函便于归档。

二、要求

(1)每位同学制作一封函,要求采用函的格式制作。每个小组讨论并撰写一份发文演示方案。

(2)根据上述内容,按场景顺序模拟演示发文的各个环节。

三、说明

(1)实训分组进行,每组4人,分别扮演副总经理、销售部经理、小杨、打字员。

(2)在演示前准备所需要的文书材料及相应的办公用具。要使用发文稿纸、发文登记簿、信封等。

任务三　文书归档

学习目标

（1）了解文书归档的方法。

（2）掌握文书归档的要求。

（3）能根据任务要求，规范地开展文书归档工作。

情景任务

某单位由于人员更替，岗位发生了变动。如果你负责该单位的档案工作，面对各部门送来的文件、会议资料、音像材料等，你会如何整理归档？

知识链接

一、文件、档案归档的基本定义

（一）归档文件定义

单位在职能活动中形成的、办理完毕、应作为文书档案保存的各种纸质文件材料。

（二）归档文件的整理

将需要归档文件，以件为单位进行装订、分类、排列、编号、编目、装盒，使之有序化的一个过程。

（三）事由的定义

一件具体的事、一个具体问题，或一段较紧密的工作过程等。如职务任免或召开一次会议。

（四）件的定义

"件"是指归档文件的整理单位，一般以每份文件为一"件"。

一般来说，文件正本与定稿为一件。正文与附件为一件。转发文与被转发文为一件；来文与复文为一件，本单位复文与外单位来文为一件，本单位去文与外单位复文各为一件。文件处理单有实质内容的有批示或办理情况的与文件为一件；原件与复制件为一件；报表、名册、图册等每册为一件。会议记录一份为一件，可以装订成册来保存。

二、文件、档案的整理原则

文件、档案的整理,要遵循文件的形成规律,保持文件之间的有机联系,区分不同价值,以便于保管利用。

三、文件、档案的整理要求

需要归档的文件材料种类、份数以及每份文件的页数均应齐全完整。已破损的文件应予修整,字迹模糊或易退变的文件应予复制。归档的文件所使用的书写材料、纸张、装订材料等应符合档案保护的相关要求。

四、文件、档案的整理方法

(一)文件、档案的装订

需要归档的文件材料,要去除金属物,按件采用专用缝纫机装订或专用包角粘连装订。专用缝纫机装订位置在左侧,装订专用包角粘连装订位置在每份文件材料的左上角。文件材料过厚可采用"三孔一线"左侧装订方法进行装订。

一般来说,装订时正本在前、定稿在后;正文在前,附件在后;原件在前,复制件在后;转发文在前,被转发文在后;复文在前,来文在后;文件处理单在前,文件在后。此外,对重要文件历次修改稿都需要留存的,定稿在前,历次修改稿按时间顺序依次在后。

(二)文件、档案的分类、排列

归档文件一般采用"年度—保管期限"方法分类,即每个年度的文件按照其价值不同划分永久、定期两种,定期一般分为 30 年、10 年。在分类方案的最低一级类目保管期限内,根据机关文件材料归档范围,按文件性质、事由、办结时间先后顺序排列。会议文件、统计报表等成套文件可集中排列。表 6-1、表 6-2 列举了部分永久文件和定期文件。

表 6-1　永久文件

序号	名称
1	会议记录
2	年度工作计划、总结
3	工作报告、生活会材料
4	办法、规定、制度;重要文件材料
5	大事记、组织机构沿革、院志
6	合同、协议
7	会议、活动等形成的主要文件材料;上级领导视察本院工作的材料等
8	机构设置、机构改革、人员编制等方面文件材料

续表

序号	名称
9	人员干部任免、表彰、奖惩等方面文件材料
10	干部年报、干部名册等
11	业务统计全年汇总表

表 6-2 定期文件

序号	名称
1	半年工作总结;本院各部门全年工作总结
2	关于一般性问题的请示与上级机关的批复、批示
3	一般性事务管理、一般性业务文件材料
4	编制的检察信息等材料;本院传真发文
5	召开会议、举办活动等形成的一般性文件材料
6	人事管理工作形成的一般性文件材料
7	上级机关制发的一般性文件材料;上级机关和同级机关制发的非本院主管业务但要贯彻执行的文件材料;同级机关关于一般性业务问题的来函与本院的复函等文件材料
8	业务统计月报表

（三）文件、档案的编号

归档文件要根据分类方案和排列顺序逐件编号,在文件首页上端的空白位置加盖归档章(图 6-3),并在指定位置填写相关内容。

（全宗号）	（年　　度）	（室编件号）
（问　　题）	（保管期限）	（馆编件号）

图 6-3 "归档章"式样

"归档章"需设置全宗号、年度、保管期限、件号等必备项,并设置问题选择项目(档案不进馆的单位,全宗号可暂不填写;不按问题分类的无须设置)。

（1）全宗号:档案馆给进馆单位编制的代号。

（2）年度:文件形成年度,以四位阿拉伯数字标注公元纪年,如 2013。

（3）保管期限:归档文件保管期限分为永久、30 年、10 年。

（4）问题:问题的名称或规范化简称。

（5）件号:文件的排列顺序号,只填室编件号,馆编件号不填。在分类方案的最低一级类目保管期限内,按文件排列顺序从"1"开始标注。

（四）文件、档案的编目

归档文件应该逐件编目,归档文件目录(图 6-4)设置件号、责任者、文号、日期、页数、盒号、备注等项目。

归档文件目录

年度：　　　　　　　　　　　　　　　　　　问题：

件号

责任者

文号

题名

日期

页数

盒号

备注

保管期限：

图 6-4　"归档文件目录"式样

（1）件号：填写室编件号。

（2）责任者：制发文件的组织或个人，即文件的发文机关或署名者；联合发文的责任者以发文编写号的单位为主要责任者，加"×××等"。责任者文字必须要写全称。

（3）文号：文件的发文字号。

（4）题名：文件标题。如果档案或文件没有标题或标题不规范的，可自拟标题，外加符号"［　］"；正文与附件，转发文与被转发文，如果正文、转发文不能反映附件、被转发文内容，附件、被转发文题名要抄录，附在题名后，并加符号"（　）"；任免、调配等人事方面的文件材料，涉及本单位人员，其人员名称照实抄录，附在题名后，并加符号"（　）"。

（5）日期：文件的形成时间，以八位阿拉伯数字标注年月日，如 20130101。

（6）页数：每一份归档文件的页数。文件中有图文的页面规定为一页。

（7）盒号：档案盒的排列顺序号，在档案移交进馆时按进馆要求编制。一般无须填写。

（8）备注：需要补充说明的情况，如果内容太多，在备注栏加注"＊"，具体的内容填在盒内备考表里面。

归档文件的目录用纸幅面尺寸采用国际标准 A4 型（长×宽为 297 毫米×210 毫米），并区分保管期限装订成册。

（五）文件、档案的装盒

（1）将归档文件按件号顺序装入盒中，并及时填写盒脊及备考表项目。需要注意的是：不同形成年度的归档文件不可以放入同一档案盒；不同保管期限的归档文件不可以放入同一档案盒；不同问题类目的归档文件不可以放入同一档案盒。

（2）档案盒封面要标明全宗名称，档案盒的外形尺寸为 310 毫米×220 毫米（长×宽），盒脊厚度为 40 毫米。

（3）盒脊设置全宗号、年度、问题、保管期限、起止件号、盒号等项目（图 6-5）。其中起止件号填写盒内第一件文件和最后一件文件的件号，中间用"－"号链接，填写件号要准确无误，做到盒脊起止件号与盒内归档文件件号完全一致。

| 全宗号 |
| 年　度 |
| 保管期限 |
| 问　题 |
| 起止件号 |
| 盒　号 |

图 6-5　盒脊式样

（4）备考表采用国际标准 A4 型纸张,置于盒内文件之后,项目包括盒内文件情况说明、整理人、检查人和日期(图 6-6)。

盒内文件情况说明：

整理人：
检查人：
年　月　日

图 6-6　"备考表"式样

"盒内文件情况说明"：填写盒内文件缺损、修改、补充、移出、销毁等情况。

"整理人"：负责整理归档文件的人员姓名。

"检查人"：负责检查归档文件整理质量的人员姓名。

"日期"：归档文件整理完毕的日期。

五、文件、档案的接收时间

文书档案要在翌年的第二季度接收整理完毕。

任务实施

一、环境要求

可选择模拟办公室或多媒体教室等场所进行。

二、实施步骤

到院办公室和档案室、学籍科、考务科,分组进行。

步骤一：将文件收集齐全。

步骤二：确定文件的保管期限(即鉴定文件保存价值)。

步骤三：同一期限的文件排列顺序(可按时间)。

步骤四:拆钉、装订(三孔一线)。

步骤五:加盖档号章并填写相关内容。

步骤六:抄写归档目录。

步骤七:装档案盒。

步骤八:填写档案盒脊背相关项目。

步骤九:档案目录输入微机。

巩固提升

　　刚从大学毕业的芳芳将办公室文件柜中的文件材料整理完后,发现自己的办公桌抽屉、保险柜中也都是需要归档的文件。这些文件形态各异,除了主要的纸质文字材料,还有照片、图纸、会计报表、录音资料,还有大量有价值的电子邮件等电子档案,而且这些资料的来源并不统一, 有的是本单位内部的方案、政策,有的是相关的法规政策,还有的是本单位与其他单位在合作过程中形成的协议等。芳芳看到这些文件资料不知如何整理,请你就文书档案管理归档整理操作方法和技巧等给出建议。

附 录

附录1 党政机关公文处理工作条例

第一章 总 则

第一条 为了适应中国共产党机关和国家行政机关(以下简称党政机关)工作需要,推进党政机关公文处理工作科学化、制度化、规范化,制定本条例。

第二条 本条例适用于各级党政机关公文处理工作。

第三条 党政机关公文是党政机关实施领导、履行职能、处理公务的具有特定效力和规范体式的文书,是传达贯彻党和国家方针政策,公布法规和规章,指导、布置和商洽工作,请示和答复问题,报告、通报和交流情况等的重要工具。

第四条 公文处理工作是指公文拟制、办理、管理等一系列相互关联、衔接有序的工作。

第五条 公文处理工作应当坚持实事求是、准确规范、精简高效、安全保密的原则。

第六条 各级党政机关应当高度重视公文处理工作,加强组织领导,强化队伍建设,设立文秘部门或者由专人负责公文处理工作。

第七条 各级党政机关办公厅(室)主管本机关的公文处理工作,并对下级机关的公文处理工作进行业务指导和督促检查。

第二章 公文种类

第八条 公文种类主要有:

(一)决议。适用于会议讨论通过的重大决策事项。

(二)决定。适用于对重要事项作出决策和部署、奖惩有关单位和人员、变更或者撤销下级机关不适当的决定事项。

(三)命令(令)。适用于公布行政法规和规章、宣布施行重大强制性措施、批准授予和晋升衔级、嘉奖有关单位和人员。

(四)公报。适用于公布重要决定或者重大事项。

(五)公告。适用于向国内外宣布重要事项或者法定事项。

(六)通告。适用于在一定范围内公布应当遵守或者周知的事项。

(七)意见。适用于对重要问题提出见解和处理办法。

（八）通知。适用于发布、传达要求下级机关执行和有关单位周知或者执行的事项，批转、转发公文。

（九）通报。适用于表彰先进、批评错误、传达重要精神和告知重要情况。

（十）报告。适用于向上级机关汇报工作、反映情况，回复上级机关的询问。

（十一）请示。适用于向上级机关请求指示、批准。

（十二）批复。适用于答复下级机关请示事项。

（十三）议案。适用于各级人民政府按照法律程序向同级人民代表大会或者人民代表大会常务委员会提请审议事项。

（十四）函。适用于不相隶属机关之间商洽工作、询问和答复问题、请求批准和答复审批事项。

（十五）纪要。适用于记载会议主要情况和议定事项。

第三章　公文格式

第九条　公文一般由份号、密级和保密期限、紧急程度、发文机关标志、发文字号、签发人、标题、主送机关、正文、附件说明、发文机关署名、成文日期、印章、附注、附件、抄送机关、印发机关和印发日期、页码等组成。

（一）份号。公文印制份数的顺序号。涉密公文应当标注份号。

（二）密级和保密期限。公文的秘密等级和保密的期限。涉密公文应当根据涉密程度分别标注"绝密""机密""秘密"和保密期限。

（三）紧急程度。公文送达和办理的时限要求。根据紧急程度，紧急公文应当分别标注"特急""加急"，电报应当分别标注"特提""特急""加急""平急"。

（四）发文机关标志。由发文机关全称或者规范化简称加"文件"二字组成，也可以使用发文机关全称或者规范化简称。联合行文时，发文机关标志可以并用联合发文机关名称，也可以单独用主办机关名称。

（五）发文字号。由发文机关代字、年份、发文顺序号组成。联合行文时，使用主办机关的发文字号。

（六）签发人。上行文应当标注签发人姓名。

（七）标题。由发文机关名称、事由和文种组成。

（八）主送机关。公文的主要受理机关，应当使用机关全称、规范化简称或者同类型机关统称。

（九）正文。公文的主体，用来表述公文的内容。

（十）附件说明。公文附件的顺序号和名称。

（十一）发文机关署名。署发文机关全称或者规范化简称。

（十二）成文日期。署会议通过或者发文机关负责人签发的日期。联合行文时，署最后签发机关负责人签发的日期。

（十三）印章。公文中有发文机关署名的，应当加盖发文机关印章，并与署名机关相符。有特定发文机关标志的普发性公文和电报可以不加盖印章。

（十四）附注。公文印发传达范围等需要说明的事项。

（十五）附件。公文正文的说明、补充或者参考资料。

（十六）抄送机关。除主送机关外需要执行或者知晓公文内容的其他机关，应当使用机关全称、规范化简称或者同类型机关统称。

（十七）印发机关和印发日期。公文的送印机关和送印日期。

第十条　公文的版式按照《党政机关公文格式》国家标准执行。

第十一条　公文使用的汉字、数字、外文字符、计量单位和标点符号等，按照有关国家标准和规定执行。民族自治地方的公文，可以并用汉字和当地通用的少数民族文字。

第十二条　公文用纸幅面采用国际标准 A4 型。特殊形式的公文用纸幅面，根据实际需要确定。

第四章　行文规则

第十三条　行文应当确有必要，讲求实效，注重针对性和可操作性。

第十四条　行文关系根据隶属关系和职权范围确定。一般不得越级行文，特殊情况需要越级行文的，应当同时抄送被越过的机关。

第十五条　向上级机关行文，应当遵循以下规则：

（一）原则上主送一个上级机关，根据需要同时抄送相关上级机关和同级机关，不抄送下级机关。

（二）党委、政府的部门向上级主管部门请示、报告重大事项，应当经本级党委、政府同意或者授权；属于部门职权范围内的事项应当直接报送上级主管部门。

（三）下级机关的请示事项，如需以本机关名义向上级机关请示，应当提出倾向性意见后上报，不得原文转报上级机关。

（四）请示应当一文一事。不得在报告等非请示性公文中夹带请示事项。

（五）除上级机关负责人直接交办事项外，不得以本机关名义向上级机关负责人报送公文，不得以本机关负责人名义向上级机关报送公文。

（六）受双重领导的机关向一个上级机关行文，必要时抄送另一个上级机关。

第十六条　向下级机关行文，应当遵循以下规则：

（一）主送受理机关，根据需要抄送相关机关。重要行文应当同时抄送发文机关的直接上级机关。

（二）党委、政府的办公厅（室）根据本级党委、政府授权，可以向下级党委、政府行文，其他部门和单位不得向下级党委、政府发布指令性公文或者在公文中向下级党委、政府提出指令性要求。需经政府审批的具体事项，经政府同意后可以由政府职能部门行文，文中须注明已经政府同意。

（三）党委、政府的部门在各自职权范围内可以向下级党委、政府的相关部门行文。

（四）涉及多个部门职权范围内的事务，部门之间未协商一致的，不得向下行文；擅自行文的，上级机关应当责令其纠正或者撤销。

（五）上级机关向受双重领导的下级机关行文，必要时抄送该下级机关的另一个上级机关。

第十七条　同级党政机关、党政机关与其他同级机关必要时可以联合行文。属于党委、政府各自职权范围内的工作，不得联合行文。党委、政府的部门依据职权可以相互行文。部门内设机构除办公厅（室）外不得对外正式行文。

第五章　公文拟制

第十八条　公文拟制包括公文的起草、审核、签发等程序。

第十九条　公文起草应当做到：

（一）符合国家法律法规和党的路线方针政策，完整准确体现发文机关意图，并同现行有关公文相衔接。

（二）一切从实际出发，分析问题实事求是，所提政策措施和办法切实可行。

（三）内容简洁，主题突出，观点鲜明，结构严谨，表述准确，文字精练。

（四）文种正确，格式规范。

（五）深入调查研究，充分进行论证，广泛听取意见。

（六）公文涉及其他地区或者部门职权范围内的事项，起草单位必须征求相关地区或者部门意见，力求达成一致。

（七）机关负责人应当主持、指导重要公文起草工作。

第二十条　公文文稿签发前，应当由发文机关办公厅（室）进行审核。审核的重点是：

（一）行文理由是否充分，行文依据是否准确。

（二）内容是否符合国家法律法规和党的路线方针政策；是否完整准确体现发文机关意图；是否同现行有关公文相衔接；所提政策措施和办法是否切实可行。

（三）涉及有关地区或者部门职权范围内的事项是否经过充分协商并达成一致意见。

（四）文种是否正确，格式是否规范；人名、地名、时间、数字、段落顺序、引文等是否准确；文字、数字、计量单位和标点符号等用法是否规范。

（五）其他内容是否符合公文起草的有关要求。

需要发文机关审议的重要公文文稿，审议前由发文机关办公厅（室）进行初核。

第二十一条　经审核不宜发文的公文文稿，应当退回起草单位并说明理由；符合发文条件但内容需作进一步研究和修改的，由起草单位修改后重新报送。

第二十二条　公文应当经本机关负责人审批签发。重要公文和上行文由机关主要负责人签发。党委、政府的办公厅（室）根据党委、政府授权制发的公文，由受权机关主要负责人签发或者按照有关规定签发。签发人签发公文，应当签署意见、姓名和完整日期；圈阅或者签名的，视为同意。联合发文由所有联署机关的负责人会签。

第六章　公文办理

第二十三条　公文办理包括收文办理、发文办理和整理归档。

第二十四条　收文办理主要程序是：

（一）签收。对收到的公文应当逐件清点，核对无误后签字或者盖章，并注明签收时间。

（二）登记。对公文的主要信息和办理情况应当详细记载。

（三）初审。对收到的公文应当进行初审。初审的重点是：是否应当由本机关办理，是否符合行文规则，文种、格式是否符合要求，涉及其他地区或者部门职权范围内的事项是否已经协商、会签，是否符合公文起草的其他要求。经初审不符合规定的公文，应当及时退回来文单位并说明理由。

（四）承办。阅知性公文应当根据公文内容、要求和工作需要确定范围后分送。批办性公文应当提出拟办意见报本机关负责人批示或者转有关部门办理；需要两个以上部门办理的，应当明确主办部门。紧急公文应当明确办理时限。承办部门对交办的公文应当及时办理，有明确办理时限要求的应当在规定时限内办理完毕。

（五）传阅。根据领导批示和工作需要将公文及时送传阅对象阅知或者批示。办理公文传阅应当随时掌握公文去向，不得漏传、误传、延误。

（六）催办。及时了解掌握公文的办理进展情况，督促承办部门按期办结。紧急公文或者重要公文应当由专人负责催办。

（七）答复。公文的办理结果应当及时答复来文单位，并根据需要告知相关单位。

第二十五条　发文办理主要程序是：

（一）复核。已经发文机关负责人签批的公文，印发前应当对公文的审批手续、内容、文种、格式等进行复核；需作实质性修改的，应当报原签批人复审。

（二）登记。对复核后的公文，应当确定发文字号、分送范围和印制份数并详细记载。

（三）印制。公文印制必须确保质量和时效。涉密公文应当在符合保密要求的场所印制。

（四）核发。公文印制完毕，应当对公文的文字、格式和印刷质量进行检查后分发。

第二十六条　涉密公文应当通过机要交通、邮政机要通信、城市机要文件交换站或者收发件机关机要收发人员进行传递，通过密码电报或者符合国家保密规定的计算机信息系统进行传输。

第二十七条　需要归档的公文及有关材料，应当根据有关档案法律法规以及机关档案管理规定，及时收集齐全、整理归档。两个以上机关联合办理的公文，原件由主办机关归档，相关机关保存复制件。机关负责人兼任其他机关职务的，在履行所兼职务过程中形成的公文，由其兼职机关归档。

第二十八条　各级党政机关应当建立健全本机关公文管理制度，确保管理严格规范，充分发挥公文效用。

第二十九条　党政机关公文由文秘部门或者专人统一管理。设立党委（党组）的县级以上单位应当建立机要保密室和机要阅文室，并按照有关保密规定配备工作人员和必要的安全保密设施设备。

第三十条　公文确定密级前，应当按照拟定的密级先行采取保密措施。确定密级后，应当按照所定密级严格管理。绝密级公文应当由专人管理。公文的密级需要变更或者解除的，由原确定密级的机关或者其上级机关决定。

第三十一条　公文的印发传达范围应当按照发文机关的要求执行；需要变更的，应当经发文机关批准。涉密公文公开发布前应当履行解密程序。公开发布的时间、形式和渠道，由发文机关确定。经批准公开发布的公文，同发文机关正式印发的公文具有同等效力。

第三十二条　复制、汇编机密级、秘密级公文，应当符合有关规定并经本机关负责人批准。绝密级公文一般不得复制、汇编，确有工作需要的，应当经发文机关或者其上级机关批准。复制、汇编的公文视同原件管理。复制件应当加盖复制机关戳记。翻印件应当注明翻印的机关名称、日期。汇编本的密级按照编入公文的最高密级标注。汇编，确有工作需要的，应当经发文机关或者其上级机关批准。复制、汇编的公文视同原件管理。

复制件应当加盖复制机关戳记。翻印件应当注明翻印的机

关名称、日期。汇编本的密级按照编入公文的最高密级标注。

第三十三条　公文的撤销和废止，由发文机关、上级机关或者权力机关根据职权范围和有关法律法规决定。公文被撤销的，视为自始无效；公文被废止的，视为自废止之日起失效。

第三十四条　涉密公文应当按照发文机关的要求和有关规定进行清退或者销毁。

第三十五条　不具备归档和保存价值的公文,经批准后可以销毁。销毁涉密公文必须严格按照有关规定履行审批登记手续,确保不丢失、不漏销。个人不得私自销毁、留存涉密公文。

第三十六条　机关合并时,全部公文应当随之合并管理;机关撤销时,需要归档的公文经整理后按照有关规定移交档案管理部门。

工作人员离岗离职时,所在机关应当督促其将暂存、借用的公文按照有关规定移交、清退。

第三十七条　新设立的机关应当向本级党委、政府的办公厅(室)提出发文立户申请。经审查符合条件的,列为发文单位,机关合并或者撤销时,相应进行调整。

第八章　附则

第三十八条　党政机关公文含电子公文。电子公文处理工作的具体办法另行制定。

第三十九条　法规、规章方面的公文,依照有关规定处理。外事方面的公文,依照外事主管部门的有关规定处理。

第四十条　其他机关和单位的公文处理工作,可以参照本条例执行。

第四十一条　本条例由中共中央办公厅、国务院办公厅负责解释。

第四十二条　本条例自 2012 年 7 月 1 日起施行。1996 年 5 月 3 日中共中央办公厅发布的《中国共产党机关公文处理条例》和 2000 年 8 月 24 日国务院发布的《国家行政机关公文处理办法》停止执行。

附录 2　党政机关公文格式（摘自 GB/T 9704—2012）

1. 范围

本标准规定了党政机关公文通用的纸张要求、排版和印制装订要求、公文格式各要素的编排规则，并给出了公文的式样。

本标准适用于各级党政机关制发的公文。其他机关和单位的公文可以参照执行。

使用少数民族文字印制的公文，其用纸、幅面尺寸及版面、印制等要求按照本标准执行，其余可以参照本标准并按照有关规定执行。

2. 规范性引用文件

下列文件对于本标准的应用是必不可少的。凡是注日期的引用文件，仅所注日期的版本适用于本标准。凡是不注日期的引用文件，其最新版本（包括所有的修改单）适用于本标准。

GB/T 148 印刷、书写和绘图纸幅面尺寸

GB 3100 国际单位制及其应用

GB 3101 有关量、单位和符号的一般原则

GB 3102（所有部分）量和单位

GB/T 15834 标点符号用法

GB/T 15835 出版物上数字用法

3. 术语和定义

3.1　字 word

标示公文中横向距离的长度单位。在本标准中，一字指一个汉字宽度的距离。

3.2　行 line

标示公文中纵向距离的长度单位。在本标准中，一行指一个汉字的高度加 3 号汉字高度的 7/8 的距离。

4. 公文用纸主要技术指标

公文用纸一般使用纸张定量为 $60 \ g/m^2 \sim 80 \ g/m^2$ 的胶版印刷纸或复印纸。纸张白度 $80\% \sim 90\%$，横向耐折度 ≥ 15 次，不透明度 $\geq 85\%$，pH 值为 $7.5 \sim 9.5$。

5. 公文用纸幅面尺寸及版面要求

5.1　幅面尺寸

公文用纸采用 GB/T 148 中规定的 A4 型纸，其成品幅面尺寸为：210 mm×297 mm。

5.2　版面

5.2.1　页边与版心尺寸

公文用纸天头（上白边）为 37 mm±1 mm，公文用纸订口（左白边）为 28mm±1mm，版

心尺寸为 156 mm×225 mm。

5.2.2　字体和字号

如无特殊说明,公文格式各要素一般用 3 号仿宋体字。特定情况可以作适当调整。

5.2.3　行数和字数

一般每面排 22 行,每行排 28 个字,并撑满版心。特定情况可以作适当调整。

5.2.4　文字的颜色

如无特殊说明,公文中文字的颜色均为黑色。

6. 印制装订要求

6.1　制版要求

版面干净无底灰,字迹清楚无断划,尺寸标准,版心不斜,误差不超过 1 mm。

6.2　印刷要求

双面印刷;页码套正,两面误差不超过 2 mm。黑色油墨应当达到色谱所标 BL100%,红色油墨应当达到色谱所标 Y80%、M80%。印品着墨实、均匀;字面不花、不白、无断划。

6.3　装订要求

公文应当左侧装订,不掉页,两页页码之间误差不超过 4 mm,裁切后的成品尺寸允许误差±2 mm,四角成 90°,无毛茬或缺损。

骑马订或平订的公文应当:

a)订位为两钉外订眼距版面上下边缘各 70 mm 处,允许误差±4 mm;b)无坏钉、漏钉、重钉,钉脚平伏牢固;c)骑马订钉锯均订在折缝线上,平订钉锯与书脊间的距离为 3 mm～5 mm。

包本装订公文的封皮(封面、书脊、封底)与书芯应吻合、包紧、包平、不脱落。

7. 公文格式各要素编排规则

7.1　公文格式各要素的划分

本标准将版心内的公文格式各要素划分为版头、主体、版记三部分。公文首页红色分隔线以上的部分称为版头;公文首页红色分隔线(不含)以下、公文末页首条分隔线(不含)以上的部分称为主体;公文末页首条分隔线以下、末条分隔线以上的部分称为版记。页码位于版心外。

7.2　版头

7.2.1　份号

如需标注份号,一般用 6 位 3 号阿拉伯数字,顶格编排在版心左上角第一行。

7.2.2　密级和保密期限

如需标注密级和保密期限,一般用 3 号黑体字,顶格编排在版心左上角第二行;保密期限中的数字用阿拉伯数字标注。

7.2.3　紧急程度

如需标注紧急程度,一般用 3 号黑体字,顶格编排在版心左上角;如需同时标注份号、密级和保密期限、紧急程度,按照份号、密级和保密期限、紧急程度的顺序自上而下分行排列。

7.2.4　发文机关标志

由发文机关全称或者规范化简称加"文件"二字组成,也可以使用发文机关全称或者规范化简称。

发文机关标志居中排布,上边缘至版心上边缘为 35 mm,推荐使用小标宋体字,颜色为红色,以醒目、美观、庄重为原则。

联合行文时,如需同时标注联署发文机关名称,一般应当将主办机关名称排列在前;如有"文件"二字,应当置于发文机关名称右侧,以联署发文机关名称为准上下居中排布。

7.2.5　发文字号

编排在发文机关标志下空二行位置,居中排布。年份、发文顺序号用阿拉伯数字标注;年份应标全称,用六角括号"〔〕"括入;发文顺序号不加"第"字,不编虚位(即 1 不编为 01),在阿拉伯数字后加"号"字。

上行文的发文字号居左空一字编排,与最后一个签发人姓名处在同一行。

7.2.6　签发人

由"签发人"三字加全角冒号和签发人姓名组成,居右空一字,编排在发文机关标志下空二行位置。"签发人"三字用 3 号仿宋体字,签发人姓名用 3 号楷体字。

如有多个签发人,签发人姓名按照发文机关的排列顺序从左到右、自上而下依次均匀编排,一般每行排两个姓名,回行时与上一行第一个签发人姓名对齐。

7.2.7　版头中的分隔线

发文字号之下 4 mm 处居中印一条与版心等宽的红色分隔线。

7.3　主体

7.3.1　标题

一般用 2 号小标宋体字,编排于红色分隔线下空二行位置,分一行或多行居中排布;回行时,要做到词意完整,排列对称,长短适宜,间距恰当,标题排列应当使用梯形或菱形。

7.3.2　主送机关

编排于标题下空一行位置,居左顶格,回行时仍顶格,最后一个机关名称后标全角冒号。如主送机关名称过多导致公文首页不能显示正文时,应当将主送机关名称移至版记,标注方法见 7.4.2。

7.3.3　正文

公文首页必须显示正文。一般用 3 号仿宋体字,编排于主送机关名称下一行,每个自然段左空二字,回行顶格。文中结构层次序数依次可以用"一、""(一)""1.""(1)"标注;一般第一层用黑体字、第二层用楷体字、第三层和第四层用仿宋体字标注。

7.3.4　附件说明

如有附件,在正文下空一行左空二字编排"附件"二字,后标全角冒号和附件名称。如有多个附件,使用阿拉伯数字标注附件顺序号(如"附件:1.　XXXXX");附件名称后不加标点符号。附件名称较长需回行时,应当与上一行附件名称的首字对齐。

7.3.5 发文机关署名、成文日期和印章

7.3.5.1 加盖印章的公文

成文日期一般右空四字编排,印章用红色,不得出现空白印章。

单一机关行文时,一般在成文日期之上、以成文日期为准居中编排发文机关署名,印章端正、居中下压发文机关署名和成文日期,使发文机关署名和成文日期居印章中心偏下位置,印章顶端应当上距正文(或附件说明)一行之内。

联合行文时,一般将各发文机关署名按照发文机关顺序整齐排列在相应位置,并将印章一一对应、端正、居中下压发文机关署名,最后一个印章端正、居中下压发文机关署名和成文日期,印章之间排列整齐、互不相交或相切,每排印章两端不得超出版心,首排印章顶端应当上距正文(或附件说明)一行之内。

7.3.5.2 不加盖印章的公文

单一机关行文时,在正文(或附件说明)下空一行右空二字编排发文机关署名,在发文机关署名下一行编排成文日期,首字比发文机关署名首字右移二字,如成文日期长于发文机关署名,应当使成文日期右空二字编排,并相应增加发文机关署名右空字数。

联合行文时,应当先编排主办机关署名,其余发文机关署名依次向下编排。

7.3.5.3 加盖签发人签名章的公文

单一机关制发的公文加盖签发人签名章时,在正文(或附件说明)下空二行右空四字加盖签发人签名章,签名章左空二字标注签发人职务,以签名章为准上下居中排布。在签发人签名章下空一行右空四字编排成文日期。

联合行文时,应当先编排主办机关签发人职务、签名章,其余机关签发人职务、签名章依次向下编排,与主办机关签发人职务、签名章上下对齐;每行只编排一个机关的签发人职务、签名章;签发人职务应当标注全称。

签名章一般用红色。

7.3.5.4 成文日期中的数字

用阿拉伯数字将年、月、日标全,年份应标全称,月、日不编虚位(即 1 不编为 01)。

7.3.5.5 特殊情况说明

当公文排版后所剩空白处不能容下印章或签发人签名章、成文日期时,可以采取调整行距、字距的措施解决。

7.3.6 附注

如有附注,居左空二字加圆括号编排在成文日期下一行。

7.3.7 附件

附件应当另面编排,并在版记之前,与公文正文一起装订。"附件"二字及附件顺序号用 3 号黑体字顶格编排在版心左上角第一行。附件标题居中编排在版心第三行。附件顺序号和附件标题应当与附件说明的表述一致。附件格式要求同正文。

如附件与正文不能一起装订,应当在附件左上角第一行顶格编排公文的发文字号并在其后标注"附件"二字及附件顺序号。

7.4　版记

7.4.1　版记中的分隔线

版记中的分隔线与版心等宽,首条分隔线和末条分隔线用粗线(推荐高度为 0.35 mm),中间的分隔线用细线(推荐高度为 0.25 mm)。首条分隔线位于版记中第一个要素之上,末条分隔线与公文最后一面的版心下边缘重合。

7.4.2　抄送机关

如有抄送机关,一般用 4 号仿宋体字,在印发机关和印发日期之上一行、左右各空一字编排。"抄送"二字后加全角冒号和抄送机关名称,回行时与冒号后的首字对齐,最后一个抄送机关名称后标句号。

如需把主送机关移至版记,除将"抄送"二字改为"主送"外,编排方法同抄送机关。既有主送机关又有抄送机关时,应当将主送机关置于抄送机关之上一行,之间不加分隔线。

7.4.3　印发机关和印发日期

印发机关和印发日期一般用 4 号仿宋体字,编排在末条分隔线之上,印发机关左空一字,印发日期右空一字,用阿拉伯数字将年、月、日标全,年份应标全称,月、日不编虚位(即 1 不编为 01),后加"印发"二字。

版记中如有其他要素,应当将其与印发机关和印发日期用一条细分隔线隔开。

7.5　页码

一般用 4 号半角宋体阿拉伯数字,编排在公文版心下边缘之下,数字左右各放一条一字线;一字线上距版心下边缘 7 mm。单页码居右空一字,双页码居左空一字。公文的版记页前有空白页的,空白页和版记页均不编排页码。公文的附件与正文一起装订时,页码应当连续编排。

8. 公文中的横排表格

A4 纸型的表格横排时,页码位置与公文其他页码保持一致,单页码表头在订口一边,双页码表头在切口一边。

9. 公文中计量单位、标点符号和数字的用法

公文中计量单位的用法应当符合 GB 3100、GB 3101 和 GB 3102(所有部分),标点符号的用法应当符合 GB/T 15834,数字用法应当符合 GB/T 15835。

10. 公文的特定格式

10.1　信函格式

发文机关标志使用发文机关全称或者规范化简称,居中排布,上边缘至上页边为 30 mm,推荐使用红色小标宋体字。联合行文时,使用主办机关标志。

发文机关标志下 4 mm 处印一条红色双线(上粗下细),距下页边 20 mm 处印一条红色双线(上细下粗),线长均为 170 mm,居中排布。

如需标注份号、密级和保密期限、紧急程度,应当顶格居版心左边缘编排在第一条红

色双线下,按照份号、密级和保密期限、紧急程度的顺序自上而下分行排列,第一个要素与该线的距离为 3 号汉字高度的 7/8。

发文字号顶格居版心右边缘编排在第一条红色双线下,与该线的距离为 3 号汉字高度的 7/8。标题居中编排,与其上最后一个要素相距二行。

第二条红色双线上一行如有文字,与该线的距离为 3 号汉字高度的 7/8。首页不显示页码。

版记不加印发机关和印发日期、分隔线,位于公文最后一面版心内最下方。

10.2　命令(令)格式

发文机关标志由发文机关全称加"命令"或"令"字组成,居中排布,上边缘至版心上边缘为 20 mm,推荐使用红色小标宋体字。

发文机关标志下空二行居中编排令号,令号下空二行编排正文。签发人职务、签名章和成文日期的编排见 7.3.5.3。

10.3　纪要格式

纪要标志由"××××纪要"组成,居中排布,上边缘至版心上边缘为 35 mm,推荐使用红色小标宋体字。

标注出席人员名单,一般用 3 号黑体字,在正文或附件说明下空一行左空二字编排"出席"二字,

后标全角冒号,冒号后用 3 号仿宋体字标注出席人单位、姓名,回行时与冒号后的首字对齐。

标注请假和列席人员名单,除依次另起一行并将"出席"二字改为"请假"或"列席"外,编排方法同出席人员名单。

纪要格式可以根据实际制定。

11. 式样

A4 型公文用纸页边及版心尺寸见图 1;公文首页版式见图 2;联合行文公文首页版式 1 见图 3;联合行文公文首页版式 2 见图 4;公文末页版式 1 见图 5;公文末页版式 2 见图 6;联合行文公文末页版式 1 见图 7;联合行文公文末页版式 2 见图 8;附件说明页版式见图 9;带附件公文末页版式见图 10;信函格式首页版式见图 11;命令(令)格式首页版式见图 12。

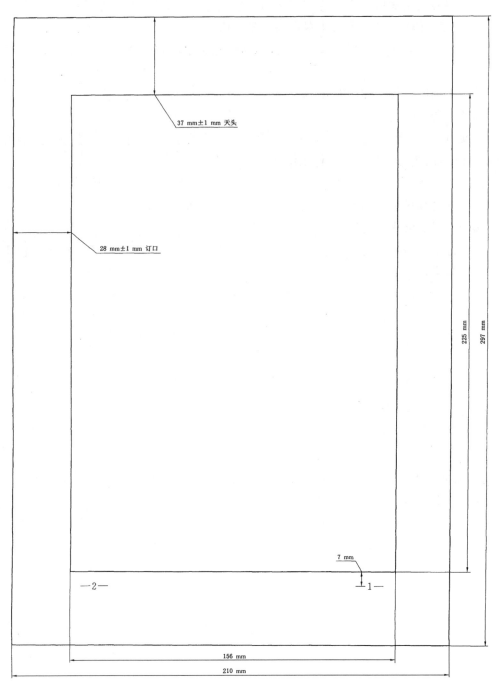

图1 A4 型公文用纸页边及版心尺寸

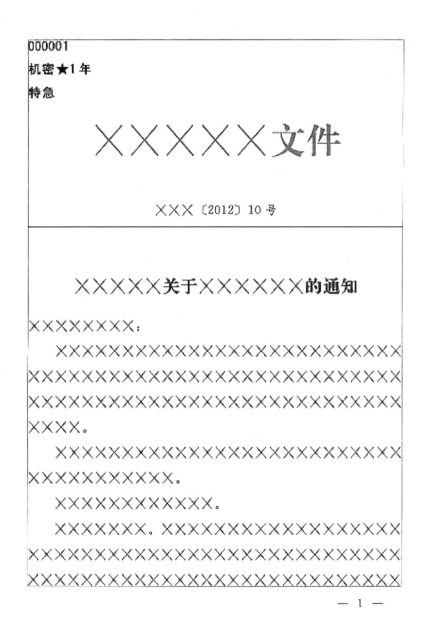

图2 公文首页版式

注：版心实线框仅为示意，在印制公文时并不印出。

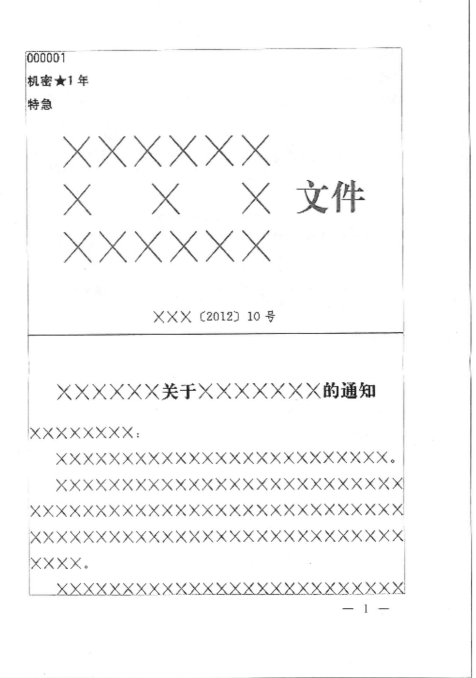

图3　联合行文公文首页版式1

注:版心实线框仅为示意,在印制公文时并不印出。

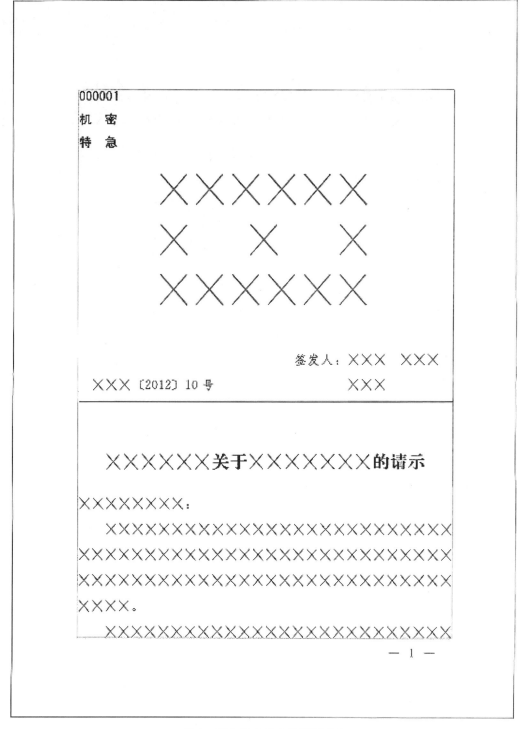

图 4 联合行文公文首页版式 2

注:版心实线框仅为示意,在印制公文时并不印出。

XXXXXXXXXXXXXXX。

　XXXXXXXXXXXXXXXXXXXXXXXX
XXXXXXXXXXXXXXXXXXXXXXXX
XXXXXXXXXXXX。

（XXXXX）

抄送：XXXXXXXX，XXXXXX，XXXXX，XXXXX，
　　XXXXX。

XXXXXXXX　　　　　　　　　2012 年 7 月 1 日印发

图 5　公文末页版式 1

注：版心实线框仅为示意，在印制公文时并不印出。

XXXXXXXXXXXXXXX。

　　XXXXXXXXXXXXXXXXXXXXXXXXXX
XXXXXXXXXXXXXXXXXXXXXXXXXXXX
XXXXXXXX。

XXXXXXXXXXX

2012年7月1日

（XXXXX）

抄送：XXXXXXXX，XXXXXX，XXXXX，XXXXX，
XXXXX。

XXXXXXXXX　　2012年7月1日印发

— 2 —

图6　公文末页版式2

注：版心实线框仅为示意，在印制公文时并不印出。

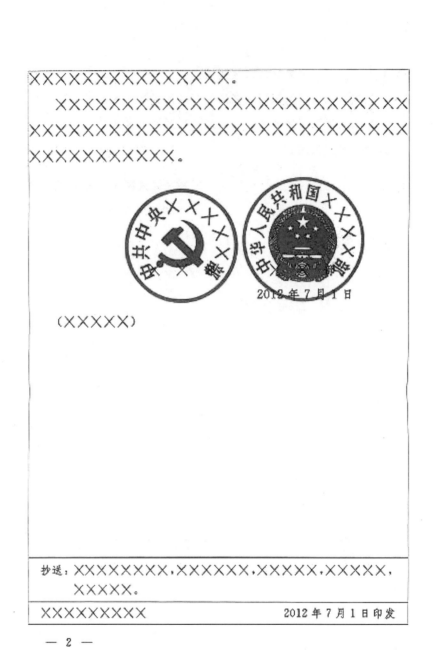

图7　联合行文公文末页版式1

注:版心实线框仅为示意,在印制公文时并不印出。

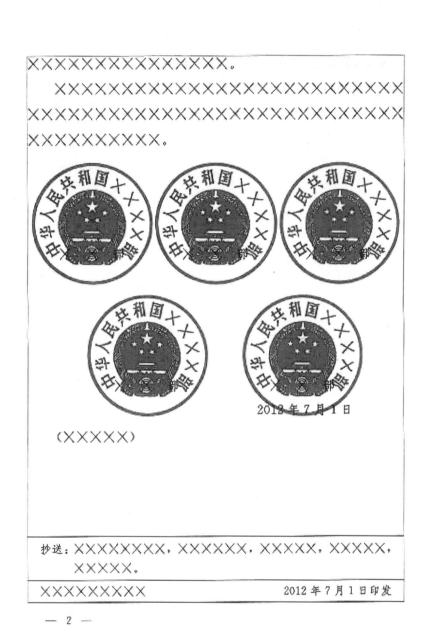

图8　联合行文公文末页版式2

注:版心实线框仅为示意,在印制公文时并不印出。

×××××××××××××。

　　×××××××××××××××××××××××

××××××××××××××××××××××××

××××××××××××。

　　附件：1. ×××××××××××××××××××××

　　　　　　　××××

　　　　　2. ××××××××××××

　　　　　　　　　　　　　　　×××××××

　　　　　　　　　　　　　　×　×　×　×

　　　　　　　　　　　　　　2012 年 7 月 1 日

（×××××）

图 9　附件说明页版式

注：版心实线框仅为示意，在印制公文时并不印出。

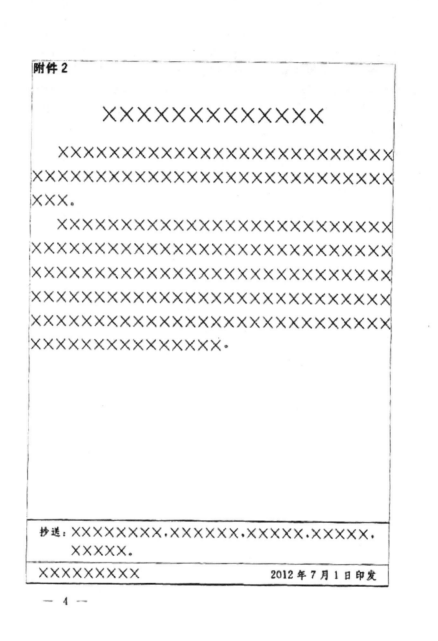

图 10　带附件公文末页版式

注:版心实线框仅为示意,在印制公文时并不印出。

中华人民共和国ＸＸＸＸＸ部

000001   ＸＸＸ〔2012〕10 号

机　密

特　急

ＸＸＸＸＸ关于ＸＸＸＸＸＸ的通知

ＸＸＸＸＸＸＸ：

　　ＸＸＸＸＸＸＸＸＸＸＸＸＸＸＸＸＸＸＸＸＸＸＸＸＸＸ

ＸＸＸＸＸＸＸＸＸＸＸＸＸＸＸＸＸＸＸＸＸＸＸＸＸＸＸＸ

ＸＸＸＸＸＸＸＸＸＸＸＸＸＸＸＸＸＸＸＸＸＸＸＸＸＸＸＸ

ＸＸＸＸＸＸＸＸＸＸＸＸＸＸＸＸＸＸＸＸＸＸＸＸ。

　　ＸＸＸＸＸＸＸＸＸＸＸＸＸＸＸＸＸＸＸＸＸＸＸＸＸＸ

ＸＸＸＸＸＸＸＸＸＸＸＸＸＸＸＸＸＸＸＸＸＸＸＸＸＸＸＸ

ＸＸＸＸＸＸＸＸＸＸＸＸＸＸＸＸＸＸＸＸＸＸＸＸＸＸＸＸ

ＸＸＸＸＸＸＸＸＸＸＸＸＸＸＸＸＸＸＸＸＸＸ。

　　ＸＸＸＸＸＸＸＸＸＸＸＸＸＸＸＸＸＸＸＸＸＸＸＸＸＸ

ＸＸＸＸＸＸＸＸＸＸＸＸＸＸＸＸＸＸＸＸＸＸＸＸＸＸＸＸ

ＸＸＸＸＸＸＸＸＸＸＸＸＸＸＸＸＸＸＸＸＸＸＸＸＸＸＸＸ

ＸＸＸＸＸＸＸＸＸＸＸＸＸＸＸＸＸＸＸＸＸＸＸＸＸＸＸＸ

ＸＸＸＸＸＸＸＸＸＸＸＸＸＸＸＸＸＸＸＸＸＸＸＸＸＸＸＸ

ＸＸＸＸＸＸＸＸＸＸＸＸＸＸＸＸＸＸＸ。

图 11　信函格式首页版式

注：版心实线框仅为示意，在印制公文时并不印出。

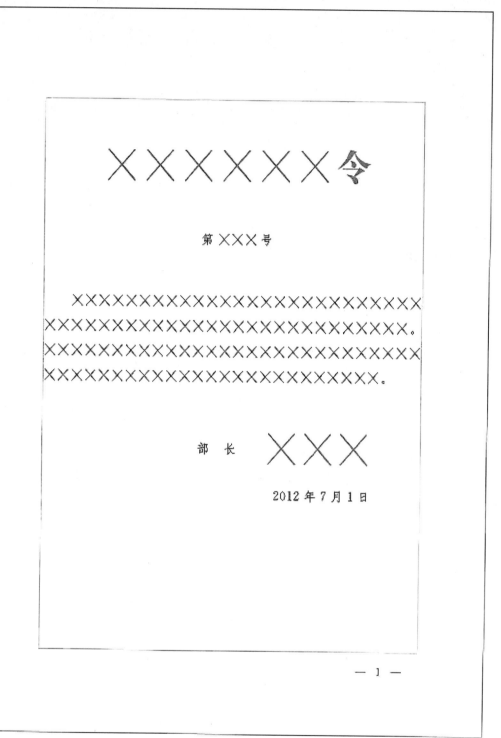

图 12　命令(令)格式首页版式

注:版心实线框仅为示意,在印制公文时并不印出。

参考文献

[1]于殿宝.安全管理文书写作[M].徐州:中国矿业大学出版社,2008.

[2]韩建国.安全管理文书与方案精细化设计[M].北京:人民邮电出版社,2013.

[3]杨文丰.现代应用文书写作[M].4版.北京:中国人民大学出版社,2011.

[4]岳海翔.最新公务文书写作[M].北京:中国言实出版社,2004.

[5]姚尧.企业管理制度写作范例大全[M].南宁:广西人民出版社,2011.

[6]黄云峰,冯雪燕.安全管理文书写作[M].北京:中国劳动社会保障出版社,2016.

[7]杨文丰.现代应用文书写作[M].3版.北京:中国人民大学出版社,2006.

[8]洪坚毅,张玲,赵爱华.实用文书写作[M].北京:清华大学出版社,2008.

[9]邓玉萍.应用文书写作[M].北京:中国人民大学出版社,2008.